W0215879

Pascal CATRY
& Jean ATTARD

apnéa magazine

CODE VAGNON

LA CHASSE SOUS-MARINE

les éditions du plaisancier

CODE VAGNON CHASSE SOUS-MARINE 1997

Auteurs : Pascal CATRY - Jean ATTARD

Dessins : Jacques BOUTRY d'après Pascal CATRY

Crédit photos : Jean ATTARD (pages 17 haut, 18, 25 milieu et bas, 26 haut, 27, 28, 43, 44, 45, 46 haut et milieu, 47 bas, 49 haut, 51, 52 bas, 53, 54, 57, 58, 72 haut, 77 bas, 81 droite, 85 haut, 104 bas gauche, 105 haut gauche, 121, 125), Philippe BUREL (couverture, pages 66 bas, 76 droite), Daniel DEFLORIN (pages 3, 4, 6, 7, 8, 10, 11, 12, 14, 16, 17 bas, 19, 22, 23, 25 haut, 26 bas, 29, 30, 33, 34, 39, 40, 41, 46 bas, 47 haut, 49 bas, 50, 52 haut, 55, 59, 60, 61, 62, 63, 65, 66 haut et milieu, 67, 68 bas, 69, 70, 71, 72 bas, 74, 77 haut, 80, 81 gauche, 82, 85 bas, 86, 87, 88 haut, 90, 91, 92, 93, 94, 95, 98, 100, 102, 104 sauf bas gauche, 105 haut droit, 106, 107, 108, 109, 110, 112, 116, 117, 118, 120, 122, 123, 124, 126, 127, 128, 129, 131, 144), Robert MAURIES (pages 68 haut, 76 gauche, 88 bas), André Ruoppolo (page 105 bas).

Le Code de la propriété intellectuelle interdit les copies ou reproductions destinées à une utilisation collective. Toute représentation ou reproduction intégrale ou partielle de ce code, faite par quelque procédé que ce soit, sans le consentement de l'auteur ou de ses ayants cause, est illicite et constitue une contrefaçon sanctionnée par les articles L.335-2 et suivants du Code de la propriété intellectuelle.

ISBN N° 2-85725-182-3

©1997 Vagnon - ÉDITIONS DU PLAISANCIER

Préface

La pêche sous-marine se prépare à aborder le 3e millénaire. La sortie de ce Code Vagnon ne pouvait tomber plus à propos dans cette perspective, d'autant que cet ouvrage met à la disposition d'un très large public un ensemble très précis de connaissances et d'expériences nécessaires à la pratique de cette discipline en toute sécurité. On y aborde bien sûr les aspects liés à la compétition mais l'accent est surtout mis sur la pratique de la pêche sous-marine de loisir, cette dernière ayant été si souvent délaissée dans le passé.

La commission nationale de pêche sous-marine et de plongée en apnée de la Fédération Française d'Études et de Sports Sous-Marins est heureuse de promouvoir ce livre de chevet des pêcheurs sous-marins d'aujourd'hui et de demain. Au-delà de son caractère informatif, il correspond à nos nouveaux objectifs de communication et de transmission la plus large possible de notre passion pour la mer.

Faut-il rappeler que la pêche sous-marine est la discipline mère de toutes les activités sous-marines ? Parmi ceux qui découvrent aujourd'hui la plongée en scaphandre, bien peu savent que la pêche sous-marine a été le creuset des racines profondes de la plongée. D'ailleurs, ne dit-on pas chez les anciens pêcheurs sous-marins : "nous allons plonger", alors que certains jeunes adeptes de la plongée en scaphandre ignorent même que la pêche sous-marine ne se pratique qu'en apnée.

S'il y a eu des carences antérieures en matière de communication, notre commission nationale s'engage à restituer à notre activité le rang qu'elle mérite et à rendre obsolète aux yeux du grand public une image quelque peu négative suscitée par les dérives de quelques marginaux. De surcroît, chacun de ses membres élus est à la disposition de tous pour répondre aux questions liées à la pêche sous-marine et informer de nos projets.

Les pêcheurs sous-marins, les premiers apnéistes en réalité, sont des connaisseurs extraordinairement curieux du milieu sous-marin et des phénomènes maritimes. Ils sont d'ailleurs associés à de nombreuses études et recherches scientifiques, permettant ainsi de récolter des informations et des résultats que seuls l'apnée et le savoir des pêcheurs rendent accessibles. Ce livre en est la preuve écrite.

Bonne chance au Code Vagnon de la pêche sous-marine. Bonne lecture.

Michel Canton

Président de la commission nationale de pêche sous-marine et de plongée en apnée de la F.F.E.S.S.M.

SOMMAIRE

Chapitre 1 - Introduction ____ 07

Chapitre 2 - Les différentes dimensions de la chasse ____ 10

- La connaissance du milieu 10
- La dimension sportive 11
- La chasse sous-marine de loisir 16
- La réglementation 17

Chapitre 3 - La panoplie du chasseur ____ 18

- La vision : le masque 19
- La respiration : le tuba 20
- La propulsion : les palmes 21
- L'isolation : le vêtement isothermique 23
- L'arbalète "décortiquée" 25
- Le fusil pneumatique 27
- Les accessoires 27

Chapitre 4 - Apprentissage et entraînement en piscine 30

- Les avantages du bassin 30
- L'apnée statique hors de l'eau 31
- L'apnée statique sous l'eau 32
- Le palmage en surface 34
- Les secrets du canard 35
- Tout l'art de la compensation 38
- Le palmage en immersion 39
- Comment s'entraîner 39

Chapitre 5 - Premières sorties en mer ____ 43

- Des pistes pour connaître un secteur 43
- Et des conseils pour choisir une zone 45
- S'adapter aux conditions 47

Chapitre 6 - Bien utiliser son matériel ____ 51

- Une arbalète se prépare 51
- Habillage et déshabillage sont un art 54
- Comment charger son arbalète 55
- Les secrets du tir 56
- Lestage : faites le poids ! 57
- Mise à l'eau : presqu'un cérémonial 58
- La planche ou la bouée 59

Chapitre 7 - Les techniques de chasse sous-marine ___62

- L'observation du milieu 62
- L'agachon : un affût sous-marin 64
- Le scénario d'un agachon idéal 65
- Cinq occasions pour un agachon 67
- La coulée : un vol au-dessus du fond 69
- La chasse à trou : des gestes ultra-techniques 72
- Comment marier les techniques 78

Chapitre 8 - Les principales espèces de poissons ____79

- Les poissons de pleine eau : sars, saupe, daurade royale, denti, autres sparidés, loup ou bar, mulet, lieu jaune 79
- Les poissons de roche : mérou, labres, mostelle, corb, rascasses, sar, murène et congre 89
- Les grands pélagiques : liches, bonite, tassergal, thon 96
- Les poissons de sable : plie, sole, turbot, baudroie, raies, ... 98
- Et en latin, c'est comment ? 102
- Il n'y a pas que des poissons 104

Chapitre 9 - Chasse sous-marine et sécurité ______106

- La chasse en équipe 106
- Même dans peu d'eau 107
- Matériel : l'exemple du bon chasseur 108
- Les risques de la chasse sous-marine 109

Chapitre 10 - Chasse sous-marine et formation ______117

- L'initiateur fédéral de pêche sous-marine et/ou d'apnée 118
- Le moniteur fédéral de pêche sous-marine et/ou d'apnée 119
- L'instructeur national de pêche sous-marine 122

Chapitre 11 - Les compétitions de chasse sous-marine 123

- La sécurité comme principe de base 123
- Un règlement pointilleux 124
- Le travail de repérage 125
- Les épreuves internationales 126
- Les épreuves nationales 128
- L'école de la compétition 130

Glossaire ______ 131

Bonnes adresses et bonnes lectures ______ 137

Annexes ______ 138

- Les adresses des quartiers des Affaires Maritimes 138
- Les tailles minimales de capture 140

1 INTRODUCTION.

L'homme a toujours été fasciné par ce qui lui semblait hors de portée. Ainsi a-t-il ressenti une incontrôlable attirance pour ce qui se passe sous la surface des océans. Ceci d'autant plus qu'il s'est vite rendu compte des richesses que pouvait lui offrir la mer. Voila pourquoi, il y a des siècles, quelques humains ont tenté de percer les mystères des fonds marins. Leur matériel était plus que rudimentaire, mais de simples lunettes en bois leur permettaient de garder prisonnière une bulle d'air devant chaque œil, ouvrant ainsi de nouveaux horizons à l'humanité. La pêche sous-marine a bien sûr été la première activité à se développer, en même temps que le ramassage des coquillages et autres crustacés. Des premières armes en bambou, l'homme est passé à l'utilisation d'engins bien plus efficaces avec la découverte des métaux. Les Polynésiens, qui bénéficiaient d'un terrain de chasse particulièrement riche, développèrent leur activité pour en faire un véritable art.

Des pionniers aux aventuriers

Avant la seconde guerre mondiale, quelques pionniers français, essentiellement sur la côte d'Azur et la côte provençale, marquèrent l'histoire de la chasse sous-marine.

Pulvenis, Le Prieur, Hass étaient de cette trempe. On garde de cette époque l'image d'hommes en maillot de bain, équipés de petites lunettes et limitant leurs incursions littorales à quelques mètres de profondeur. Après la guerre, des aventuriers leur succédèrent, provoquant même un fantastique essor de la chasse sous-marine. À sa dimension traditionnelle, ils ajoutèrent l'image d'un sport de plus en plus technique.

Depuis cette époque des masques rudimentaires (ils ne permettaient pas de compenser la pression s'exerçant sur les tympans), des premières palmes et des fusils harpons à ressorts, où les chasseurs étaient autant des inventeurs géniaux que des sportifs chevronnés, la chasse sous-marine n'a cessé de se développer. Le matériel s'est standardisé, devenant du même coup accessible à tous, ce qui n'a fait qu'accroître la popularité d'un sport qu'on nomma longtemps "pêche à la foëne" puis "pêche à la nage".

D'une activité presque initiatique réservée à un petit groupe, elle est passée au rang de loisir d'été, permettant au père de famille en vacances de ramener de temps en temps un poulpe ou quelques poissons de roche pour la soupe. Mais en fait, cet aspect prédateur de la chasse sous-marine est devenu secondaire par rapport à l'immense plaisir procuré à ses pratiquants, le plaisir de se retrouver pendant quelques instants dans un autre monde, et de s'en émerveiller à chaque incursion.

Malheureusement, cette soudaine expansion la chasse sous-marine de loisir a coïncidé avec l'augmentation inquiétante de nombreux phénomènes, dont les plus importants sont sans aucun doute la pollution des océans et la pression, parfois énorme, exercée par la pêche industrielle. Tout ceci a entraîné une raréfaction du poisson très nette en Méditerranée, mais qui se ressent également sur la côte atlantique.

Le chasseur sous-marin est un témoin privilégié

Dans ce contexte, le chasseur sous-marin a un rôle à jouer. Sûrement pas celui de bouc émissaire ! Observateur privilégié du milieu, le chasseur sous-marin doit savoir témoigner, alerter mais aussi se défendre quand, par facilité ou incompétence, on le montre du doigt. Pour bien protéger la mer, il faut l'aimer, et pour l'aimer, il faut apprendre à la connaître.

Par une pratique régulière et assidue, où patience et passion sont les maîtres mots, **les chasseurs ont acquis une immense connaissance de la mer, de ses humeurs, de ses changements, voire de ses mystères**. L'avenir de leur sport, de leur loisir, passe par une plus grande communication avec l'extérieur, et par une implication dans des actions permettant une réelle sauvegarde de la vie marine. Ainsi, de nombreux chasseurs ont-ils participé au Groupe d'Étude du Mérou, mis en place pour mieux connaître les mœurs, la reproduction et les migrations de ce poisson mythique. C'est un bon exemple de cette collaboration utile avec les scientifiques. À nous d'en imaginer d'autres.

Loisir de masse, la chasse sous-marine est également un sport de haut niveau, qui vit et s'exprime au travers de compétitions très structurées, tant au niveau régional que national et même international. Dans certains pays, la chasse sous-marine en compétition est extrêmement populaire, et les champions y sont considérés comme des héros nationaux. Ceci nous rappelle qu'au-delà des frontières, la chasse sous-marine est universelle. Lorsqu'on voit, à l'occasion d'un championnat du Monde, un Japonais, un Croate et un Américain se mesurer sur une même zone, on ne peut que se réjouir de constater que la passion peut être plus forte que les intérêts politico-économiques.

Cet ouvrage est destiné à ceux qui veulent découvrir la chasse sous-marine sans pouvoir bénéficier des conseils d'un aîné, ainsi qu'à ceux qui voudraient aller plus loin dans une passion naissante, mais à qui il manque certaines bases techniques, souvent primordiales pour pratiquer en toute sécurité. Nous l'avons voulu simple et pratique, comme un guide pour faire ses premiers pas dans un monde qui, dès lors, dévoilera naturellement ses secrets. Alors, bonne lecture, en espérant vous faire partager un peu de notre passion !

2

LES DIFFÉRENTES DIMENSIONS DE LA CHASSE SOUS-MARINE

1 - LA CONNAISSANCE DU MILIEU

Parmi les activités subaquatiques, la chasse sous-marine est sans doute celle qui permet de mieux connaître la faune et la flore. En effet, pour capturer un poisson, le chasseur doit savoir où il peut le trouver, et comment il peut l'approcher. Et dans ce but, il lui faut observer tout ce qui l'entoure. Le chasseur sous-marin a deux atouts.

L'APNÉE

L'apnée lui procure une grande liberté de mouvement, ses évolutions sont à la fois discrètes, rapides et silencieuses. Même s'il ne descend pas très profond, tout cela est primordial dans l'approche du poisson. C'est d'autant plus important dans les zones où les espèces ont appris à être méfiantes.

LA CURIOSITÉ

Cette curiosité de chaque instant permet au chasseur de comprendre le comportement du poisson, et d'en tenir compte à l'occasion des sorties suivantes. Ainsi, il devient plus efficace, plus rapide à choisir tel ou tel secteur, telle ou telle technique, tel ou tel matériel plus adapté. C'est souvent lui, grâce à ce sens de l'observation, qui constate que telle espèce devient plus rare, ou au contraire que telle autre réapparaît alors qu'elle avait quasiment déserté nos côtes.

2 - LA DIMENSION SPORTIVE

Sport complet par excellence, la chasse sous-marine est une activité développant non seulement les capacités physiques du pratiquant (palmage, apnée), mais également ses facultés mentales. En effet, outre l'effort de mémorisation nécessaire pour reconnaître une pierre sous l'eau, se souvenir des repères d'un coin ou prévoir le comportement du poisson, la pratique de la chasse exige une analyse constante des différents paramètres : le courant, les marées, la clarté de l'eau, les déplacements du poisson, l'époque de l'année et même le moment de la journée. Cet effort de synthèse enrichit progressivement son expérience.

En bateau ou simplement à la palme, les sorties durent souvent plus de quatre heures. Ces efforts d'apnée et de palmage quasi-continus, associés à la lutte contre les éléments (eau froide, courant, houle, ...), font de la chasse sous-marine un sport d'endurance particulièrement éprouvant dès qu'il est pratiqué à un certain niveau.

LE CHASSEUR SOUS-MARIN EST UN APNÉISTE

Par principe, la chasse sous-marine se déroule en apnée, c'est-à-dire que lorsqu'il s'immerge, le chasseur ne peut utiliser que l'air qu'il retient dans ses poumons, sans autre moyen artificiel tel que les blocs de plongée. Cet exercice n'est pas aussi naturel chez l'homme que chez les mammifères marins, c'est pourquoi il va devoir faire des efforts considérables pour s'adapter à cet état.

La durée de l'apnée

Le chasseur sous-marin va, au cours d'une partie de pêche, effectuer un certain nombre d'apnées, variable en fonction de sa forme physique. Ces apnées vont durer entre 20 secondes et 1 mn 30 en moyenne, mais pourront atteindre près de 2,30 mn dans certains cas. **Le chasseur sous-marin doit peu se soucier du temps passé sous l'eau au cours d'une apnée ; la notion de performance passe après celle d'efficacité.** Une apnée aura été efficace si elle a permis de prendre un poisson en toute sécurité.

Le débutant va sans doute, au cours de ses premières apnées, ressentir un besoin urgent de remonter en surface pour respirer, non pas parce qu'il n'a vraiment plus d'air, mais surtout parce qu'il a peur d'en manquer. Petit à petit, il va se sentir plus à l'aise, et la confiance s'installant, il va repousser ses limites. Il lui faudra néanmoins garder une certaine marge de sécurité pour remonter, dans tous les cas, en toute tranquillité.

Une autre notion importante est la récupération. Plus elle est rapide et plus le chasseur sera longtemps sous l'eau. Un chasseur bien entraîné devrait passer presque autant de temps en surface qu'en immersion, lorsque la profondeur à atteindre n'est pas trop importante.

Récupération et préparation à l'apnée suivante sont deux étapes intimement liées, et un entraînement régulier permet de les réduire sensiblement.

La profondeur

La profondeur atteinte par les chasseurs sous-marins représente également une composante importante de la performance physique. En effet, le fait d'atteindre et de remonter d'une certaine profondeur correspond à un temps d'apnée prolongé d'autant. **Le chasseur doit adapter sa préparation en surface à la profondeur qu'il compte atteindre et aux efforts qu'il envisage de réaliser au fond.**

De plus, la pression exercée par l'eau sur son organisme augmente très vite avec la profondeur, et il doit s'adapter au mieux afin de lutter contre elle. Son adaptation à l'apnée et à l'immersion doit en fait être réapprise, et entretenue par une pratique régulière. Ainsi existe-t-il des techniques permettant de compenser l'effet de la pression sur les tympans et sur le visage au travers du masque (nous y reviendrons). La notion de profondeur est très relative lorsqu'il s'agit de chasse, car au-delà du nombre de mètres parcourus verticalement, interviennent d'autres paramètres tels que la température et la turbidité de l'eau, ou encore l'état de la mer. Une descente à 20 m dans une eau à 12°, avec un courant de face et une visibilité de quelques mètres, peut être considérée comme très profonde pour un chasseur qui ne dépasse pas cette profondeur dans les eaux chaudes et estivales de Corse par exemple.

Tous ces facteurs doivent être absolument évalués avant toute tentative au-delà de 10 m. C'est pourquoi, lorsqu'on demande à un chasseur sous-marin à quelle profondeur il plonge, celui-ci ne peut annoncer de chiffre définitif. Car il sait qu'il ne suffit pas d'atteindre telle profondeur en apnée pour pouvoir dire qu'on y chasse en toute facilité. Autre nuance, celle de la technique : un chasseur effectuant des descentes en coulée sur des fonds de 30 m fera moins d'efforts qu'un autre qui chasserait à trou à cette profondeur.

L'amélioration du matériel, la raréfaction du poisson dans peu d'eau et la meilleure connaissance de l'apnée, font qu'aujourd'hui, un certain nombre de chasseurs peuvent évoluer sur 20 m de fond, dans des conditions favorables. Cela dit, la grande majorité des pratiquants de loisir n'atteignent pas les 10 à 15 m, ce qui ne les empêche pas de se faire plaisir et de prendre du poisson. Surtout dans les régions où il n'est pas nécessaire d'aller le chercher dans les "abysses".

À l'opposé, il existe une petite minorité de chasseurs, dont fait partie la plupart des membres de l'équipe de France ainsi que de nombreux sportifs très entraînés, adeptes de la chasse profonde, capables de pêcher régulièrement entre 25 et 35 m de fond, selon la saison.

Enfin, au niveau international, seule une petite poignée d'athlètes peut prétendre chasser au-delà des 35, voire des 40 m. Mais contrairement aux apnéistes purs, qui atteignent 60 ou 70 m en poids constant pour les meilleurs, les chasseurs ne recherchent jamais la performance pour elle-même, mais une efficacité constante dans la capture du poisson. Et dans cette optique, s'il faut être à l'aise dans 35 m d'eau, ils le seront. En revanche, si le poisson est au bord, dans l'écume, ils devront être capables d'aller l'y chercher. **Bref, si la maîtrise de la profondeur est parfois un moyen nécessaire à la prise du poisson, elle n'est jamais une fin en soi.**

LE CHASSEUR SOUS-MARIN FACE AUX ÉLÉMENTS

Outre l'adaptation au milieu aquatique, qui correspond à l'acquisition d'une aisance d'évolution sur et sous l'eau, et à la maîtrise des contraintes de la pression sur l'organisme, le chasseur sous-marin va devoir faire face à plusieurs éléments naturels qui compliquent son approche du poisson.

Le froid

C'est un élément qui va rapidement faire sentir ses effets, surtout si le chasseur est mal équipé. Dans l'eau, l'homme subit une déperdition de chaleur beaucoup plus importante qu'à l'air libre. Et même dans une mer à 28° l'été, un chasseur sans combinaison aura une autonomie limitée à cause du froid. Ceci est accentué du fait que la préparation à l'apnée s'oppose par principe à tout effort augmentant la consommation d'oxygène, effort qui pourrait engendrer une production de chaleur. L'utilisation de vêtements en néoprène, en augmentant considérablement l'isothermie du chasseur, lui permet de rester bien plus longtemps dans l'eau sans souffrir du froid. Elle permet par ailleurs aux plus assidus de pratiquer leur sport en hiver, quand la température de la mer descend sous les 10°.

Outre l'utilisation de la combinaison, il existe parallèlement une adaptation physiologique naturelle de l'organisme au froid : à qualité de matériel identique, un chasseur pratiquant régulièrement durant la saison hivernale souffrira moins du froid qu'un autre se mettant à l'eau occasionnellement. Enfin, il est certain qu'il existe une grande variabilité individuelle de la sensibilité au froid.

La houle

Il est fréquent de devoir affronter une houle plus ou moins formée lorsqu'on pratique régulièrement. Dans ce cas, il n'existe pas de moyens matériels pour lutter contre ce mouvement naturel gênant. Seule la pratique assidue permet de s'y acclimater, voire même de l'utiliser pour prendre du poisson. En effet, la houle est un élément qui fournit au poisson une nourriture abondante délogée de son substrat, ainsi qu'une protection contre les prédateurs. En contrepartie, elle est particulièrement stressante du fait du ballottement incessant dont est victime le chasseur, qui se retrouve désorienté sur et sous l'eau, malmené dans un mouvement de va-et-vient qui risque de provoquer le mal de mer et une grande difficulté pour préparer les apnées. Pire, elle peut s'avérer dangereuse, car elle peut entraîner le chasseur dans des remous violents ou le projeter contre les rochers.

Certains chasseurs sont devenus des spécialistes de la chasse dans la houle, ils ont développé une sorte de sixième sens qui leur signale qu'une vague plus "méchante" que les autres arrive et qu'il vaut mieux s'écarter du bord.

Le courant

Partout où il y a des marées, le flux et le reflux s'accompagnent de la formation de courants plus ou moins vigoureux. En Méditerranée, il peut exister des courants forts engendrés par les vents. Ceux-ci sont particulièrement dangereux pour le chasseur qui pratique à la palme, car il aura souvent le choix entre lutter contre le courant, en prenant le risque de s'épuiser, et se laisser entraîner, parfois très loin vers le large. C'est pourquoi il est important de se renseigner sur ces phénomènes avant de se rendre sur une zone inconnue.

Les chasseurs habitués à pratiquer sur des champs de pêche exposés aux courants acquièrent une certaine habitude de ces conditions : ils savent à quel moment le courant sera le plus faible, ce qui correspond au moment idéal pour chasser, et le temps qu'ils auront pour chasser sans trop de courant. Ils savent également comment exploiter une zone en utilisant le courant, dans un sens à marée montante, et dans l'autre à marée descendante. Ils savent enfin comment utiliser au mieux leur bateau ou la planche de chasse pour pêcher sur une zone exposée au courant, et comment utiliser le moindre îlot, le moindre contre-courant pour se reposer et récupérer.

3 - LA CHASSE SOUS-MARINE DE LOISIR

La chasse sous-marine a longtemps été l'apanage d'une élite passionnée, et généralement initiée par une sorte de "maître spirituel". Depuis, le développement des loisirs et les progrès technologiques ont porté cette activité au rang de loisir de masse. Le contact avec la nature, l'attirance de la mer, l'émerveillement procuré par ces incursions discrètes dans un monde inconnu, et le côté captivant de la recherche d'une proie, sont sans doute les raisons majeures de l'engouement que la chasse sous-marine suscite.

Sport-passion par excellence, la chasse sous-marine peut devenir un but pour de nouvelles destinations de vacances, en France comme à l'étranger. Pourtant, il est rare qu'un néophyte se tourne spontanément vers la chasse sous-marine, sans avoir eu de contact préalable avec quelqu'un qui la pratique déjà. Malgré une grande accessibilité, elle reste tout de même une activité très technique, et sans les conseils d'un pratiquant, le novice risque de se décourager rapidement.

La passion pour cette pratique naît presque toujours d'une rencontre. Certains ont la chance d'avoir dans leur entourage un ami ou un parent qui chasse déjà, et qui est disposé à consacrer un peu de son temps à guider un débutant. Les autres ont également la possibilité de rencontrer des passionnés au sein d'un club, surtout dans les régions du littoral. La vie d'un club est en général très prenante, et si l'ambiance est bonne, comme c'est souvent le cas, l'organisation de sorties en mer, la présence assidue aux entraînements en piscine, la préparation éventuelle de compétitions, la mise en place de réunions sont autant d'à-côtés qui font de la chasse sous-marine un loisir complet.

4 - LA RÉGLEMENTATION

La chasse sous-marine, que la Fédération Française d'Études et de Sports Sous-Marins et les Affaires Maritimes nomment souvent "pêche sous-marine", est organisée selon des règles strictes. Cette réglementation est le garant de l'éthique de la discipline. En voici les points essentiels.

Même si la réglementation ne l'impose pas, la chasse à deux est fortement conseillée.

- La chasse sous-marine n'est possible qu'à partir de 16 ans.
- Un permis est nécessaire. Il peut s'agir d'une autorisation annuelle (gratuite) délivrée par les Affaires Maritimes après présentation d'une attestation d'assurance en responsabilité civile et d'une fiche d'état civil, ou bien d'une licence souscrite auprès de la F.F.E.S.S.M.
- L'usage de bouteilles de plongée est interdit. De même que l'utilisation d'un foyer lumineux.
- Il est interdit de chasser entre le coucher et le lever du soleil, près des zones portuaires et des zones de baignade et à moins de 50 m des engins de pêche.
- L'emploi d'une arme ne se chargeant pas à l'aide de la seule force musculaire est interdit.

En plus de cette réglementation générale, des points particuliers existent localement (interdiction du mérou en Méditerranée, quotas pour les ormeaux, les oursins, zones interdites, etc.). Il convient de s'informer de ces restrictions auprès d'un quartier des Affaires Maritimes. (Voir en annexe page 138).

3

LA PANOPLIE DU CHASSEUR SOUS-MARIN

Vérification du matériel avant la mise à l'eau.

Sport très technique, la chasse sous-marine fait appel à un matériel spécifique, paradoxalement très traditionnel et en même temps sophistiqué. Les progrès réalisés dans la conception des différents éléments de l'équipement sont surtout sensibles au niveau des matériaux. Le silicone, le néoprène refendu de haute qualité, la fibre de carbone, l'inox ou le titane ont permis de gagner en agrément d'utilisation, et d'améliorer les performances. Trois exemples.

1 - Avec un vêtement plus souple et plus isolant, le chasseur peut mieux se préparer pour ses apnées, et il se fatigue moins pour combattre le froid. Avec une épaisseur moindre, on obtient le même pouvoir isothermique, et on peut donc moins se lester, d'où des remontées plus faciles, et des profondeurs importantes plus facilement atteintes.

2 - Les tubes d'arbalètes en carbone, plus rigides et plus légers, sont à l'origine d'armes plus efficaces. Mais au-delà de cette augmentation effective des performances, cela va donner une plus grande confiance du chasseur en son équipement, d'où de meilleurs résultats.

3 - Le carbone, dont sont constituées certaines voilures de palmes, apporte un réel "plus" dans la performance, en restituant efficacement la poussée de palmage, ce qui peut être intéressant pour la chasse profonde.

Coup d'œil sur la panoplie.

LA VISION : LE MASQUE

Le masque doit épouser la forme du visage afin d'obtenir une étanchéité indispensable. C'est le critère de choix numéro 1. Chacun doit trouver le modèle qui lui convient, en essayant plusieurs articles. Pour tester l'étanchéité, on plaque le masque sur son visage sans passer la sangle derrière la tête, et en aspirant l'air dans le masque par le nez, on vérifie qu'il reste plaqué sur le visage. Si ce n'est pas le cas, mieux vaut en changer.

Deux matériaux sont utilisés pour la jupe.

- Le caoutchouc, plus classique et moins cher, a l'avantage d'être mat, et, peut-être, de mieux adhérer au visage. En revanche, il vieillit mal, et comme il est moins souple, il peut finir par blesser le visage.
- Le silicone, plus moderne et plus coûteux, a l'inconvénient d'être moins discret car plus brillant et, du moins dans les premiers temps, de moins adhérer au visage. Il résiste mieux au vieillissement et s'avère plus confortable.

Deux conseils :

1 - Choisissez votre masque dans des tons sobres, et évitez le silicone transparent, car la buée s'y forme plus facilement.

2 - Plus on chasse profond, plus il est préférable d'utiliser un masque à petit volume interne, qui s'écrase moins sur le visage avec la pression.

LA RESPIRATION : LE TUBA

Sans lui, vous ne pourriez nager à la surface de l'eau en regardant le fond. Donnez votre préférence aux modèles très simples, sans gadgets inutiles et qui répondent aux caractéristiques suivantes.

- Un tuba, comme un masque, doit s'adapter au mieux à la morphologie de chacun, car il est destiné à rester plusieurs heures en contact avec la bouche du chasseur. Un matériau trop dur, une forme mal adaptée, peuvent infliger des blessures douloureuses. Ainsi, l'embout en silicone est plus confortable.
- La longueur d'un tuba doit être suffisante pour ne pas boire la tasse à chaque vague, sans être excessive, car l'air contenu dans le tuba est de l'air perdu pour le chasseur (c'est l'espace mort).
- Le tuba doit être suffisamment souple pour ne pas engendrer un contact douloureux au niveau de la tempe, mais pas trop non plus, car il pourrait vibrer et freiner la remontée du chasseur.
- Certains utilisent le petit anneau fourni avec le tuba pour le fixer à la sangle du masque, d'autres préfèrent juste le glisser sous la sangle de manière à pouvoir l'enlever rapidement, par exemple pour glisser la tête dans un trou étroit. A vous de choisir.

LA PROPULSION : LES PALMES

Les palmes jouent un rôle moteur lors des déplacements en surface, lors des descentes et lors des remontées. Chacune de ces phases possède ses caractéristiques propres, et fait appel à des propriétés différentes de la palme. Les palmes jouent également un rôle majeur de stabilisateurs et de "gouvernails", en surface comme au fond.

La palme de chasse est formée de trois éléments principaux :

- Un chausson en caoutchouc. À l'inverse du modèle réglable, la palme dite "chaussante" restitue mieux l'effort musculaire, tout en offrant un confort à toute épreuve.
- Deux nervures latérales, prolongements du chausson, qui canalisent les flux d'eau, servent de supports de fixation de la voilure, et assurent la cohésion de l'ensemble.
- Une voilure en matière synthétique, gravée de sillons pour ne pas "déraper" sur l'eau. Cette voilure, plus longue que pour une palme de plongée, assure un bien meilleur rendement. Nécessitant des mouvements de palmage plus amples et plus lents, elle permet une nette économie d'énergie du chasseur. Beaucoup de fabricants proposent une palme de chasse, plus ou moins adaptée à la morphologie, la musculature et le style de chasse de chacun. Voilà ce qu'il est essentiel de retenir.

1 - Plus la voilure est dure, plus elle est adaptée à une chasse en bateau, nécessitant peu de palmage, et surtout un palmage vertical (montée et descente). Une voilure souple, en revanche, s'adaptera mieux à un chasseur moins athlétique, chassant moins profond, ou pratiquant essentiellement à la palme (palmage de surface).

2 - Chaque fois que l'on change de palmes, il faut un certain temps d'adaptation. Mais certaines personnes ne pourront jamais s'adapter à certains modèles, et il convient d'en essayer le plus possible pour ne pas se tromper au moment du choix.

3 - Si la dureté de la voilure entre en jeu, le confort du chausson est aussi primordial. Le pied, équipé de son chausson de néoprène, ne doit ni être trop serré, ni flotter dans le chausson de la palme. Celui-ci doit être suffisamment rigide sur le dessus pour bien transmettre la puissance de palmage, tout en restant confortable afin de ne pas blesser le pied.

Le carbone pour les meilleurs

L'apparition du carbone, comme composant principal ou supplémentaire de la voilure, a permis de mettre au point des palmes répondant au besoin très spécifique des apnéistes et des chasseurs profonds, qui trouvent en ce matériau les propriétés de nervosité leur permettant de gagner quelques mètres en profondeur. Mais ce n'est pas un équipement accessible au débutant, du fait de son prix d'une part, et des qualités physiques qu'il requiert pour pouvoir l'exploiter au maximum. Il est aussi plus fragile.

Et la monopalme ?

Certains chasseurs, très rares, sont des adeptes de la monopalme. Celle-ci, composée d'une voilure unique en forme de queue de dauphin et d'un double chausson solidaire en caoutchouc, nécessite un mouvement d'ondulation de tout le corps pour progresser efficacement. Il semble que ce mouvement est plus puissant que le classique mouvement alternatif, et qu'il permette de réduire la consommation d'oxygène de l'organisme, d'où des performances accrues. Et en effet, les athlètes de la nage avec palme utilisent en grande majorité la monopalme. En revanche, en action de chasse, il est plus difficile de se stabiliser, en surface comme au fond de l'eau, avec une monopalme, ce qui réserve ce matériel plutôt à la chasse à la coulée ou à l'agachon.

L'ISOLATION : LE VÊTEMENT ISOTHERMIQUE

C'est un élément du matériel qui a subi une révolution grâce à l'arrivée de matériaux plus performants. Seul moyen efficace pour le chasseur de lutter contre le froid, la combinaison doit répondre à un second impératif : ne pas oppresser son utilisateur ni entraver sa respiration.

Les fabricants disposent aujourd'hui de plaques de néoprène de haute qualité, souple, chaud, et solide. Il existe plusieurs types de combinaisons, plus ou moins adaptés à la pratique de la chasse. Voici la garde-robe complète.

La combinaison de type "plongée"

Réalisée en néoprène dit "doublé deux faces", elle est recouverte, à l'intérieur comme à l'extérieur, d'un tissu de type jersey qui protège le néoprène. La plupart du temps, la veste dispose d'une fermeture à glissière de la cagoule à la sous-cutale, pour faciliter l'habillage. Le pantalon, de type salopette, peut être équipé de fermetures à glissière aux chevilles. Ce type de vêtement connaît de nombreuses variantes, qui le rendent plus ou moins performant. Outre sa solidité, son avantage majeur réside dans sa grande facilité d'utilisation. Le jersey intérieur glisse sur la peau, et il n'est pas nécessaire de mouiller ou de talquer le vêtement pour l'enfiler. Revers de la médaille, ce revêtement crée une épaisseur entre le néoprène isolant et le corps, ce qui, associé aux entrées d'eau créées par les fermetures Éclair, ne favorise pas la rétention de la chaleur. De plus, la double épaisseur de jersey rigidifie le vêtement. C'est une solution économique pour débuter, lorsqu'on n'a pas l'intention de rester longtemps dans l'eau froide.

La combinaison de chasse coupe droite, doublée deux faces

En néoprène doublé intérieur-extérieur de jersey, elle diffère de la combinaison de plongée par l'absence des fermetures à glissière, ce qui limite les entrées d'eau froide dans la combinaison. C'est un bon outil pour apprendre à enfiler une combinaison en néoprène refendu.

La combinaison "spécial chasse"

En néoprène refendu intérieur, coupe droite. Doublée de jersey à l'extérieur, elle met en contact direct la peau et le néoprène, d'où une bien meilleure isothermie, et une souplesse supérieure.

En revanche, le néoprène ainsi directement exposé aux agressions (coups d'ongles, étirements), est beaucoup plus fragile. Il faut donc apprendre à manipuler et entretenir une telle combinaison. Notamment, l'utiliser avec des ongles bien coupés, et la rincer à l'eau douce après chaque utilisation en mer. Ne jamais la laisser sécher au soleil, et éviter d'utiliser des détergents trop agressifs pour l'enfiler. Il est préférable d'employer du talc (combinaison sèche) ou de l'eau tiède (combinaison déjà mouillée). Ce type de vêtement ne dispose que d'une coupe droite avec des tailles standard, ce qui limite l'efficacité du vêtement, car il ne peut épouser aussi bien les contours des différentes morphologies.

La combinaison "spécial chasse", coupe anatomique

Par rapport au précédent, ce vêtement dispose d'une coupe étudiée pour mieux suivre le relief du corps. Il bénéficie en particulier de bras et jambes préformés en position semi-fléchie, ce qui réduit la formation de plis aux articulations, sources d'irritations désagréables et de circulation d'eau. Le revêtement extérieur peut être en jersey, ou en lycra, plus résistant.

La combinaison "spécial chasse", coupe anatomique, sur mesure

On aboutit ici au nec plus ultra de la combinaison de chasse, avec la confection du vêtement selon les mensurations du chasseur. Ainsi, il lui "collera à la peau", procurant un maximum de confort et d'isolation. Ce modèle équivaut à un surcoût d'environ 15 à 20 % par rapport au modèle standard.

L'ARBALÈTE "DÉCORTIQUÉE"

C'est l'arme la plus utilisée par le chasseur sous-marin, car elle est fiable, simple, silencieuse, précise, et généralement assez puissante.

L'arbalète est composée de plusieurs éléments.

- La crosse, en matière plastique, accueille la poignée, l'orifice d'ancrage du tube, et le mécanisme de la détente, le plus souvent démontable sous forme de cassette.

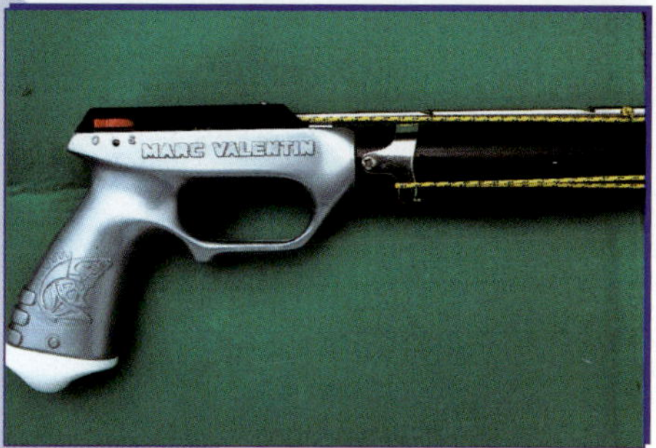

- Le tube, généralement en aluminium, peut avoir différentes longueurs et un diamètre de 25 ou, plus souvent, de 28 mm. Il peut recevoir un guide-flèche, plus ou moins long et intégré.

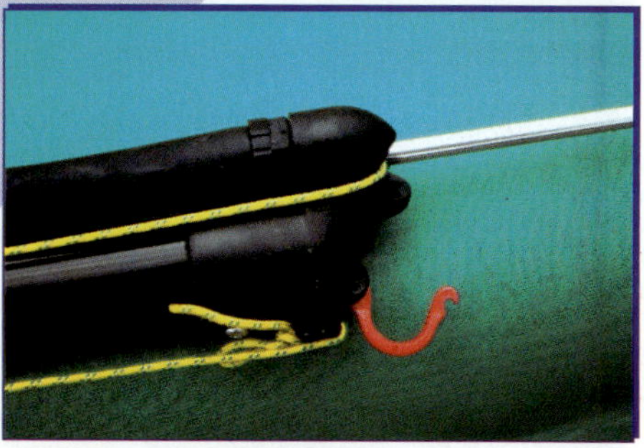

- La tête est l'élément terminal du tube. Elle comprend les points de fixation des sandows et comporte souvent un orifice antérieur destiné à recevoir un éventuel sandow unique, dit "rapide", afin de doubler la puissance de l'arme.

- Les sandows sont les éléments propulseurs de la flèche. Réalisés en latex plus ou moins pur, ils peuvent contenir une substance les durcissant, ce qui les rend plus énergiques. À chaque extrémité, se trouvent des bagues disposant d'un pas de vis. La longueur des sandows est en fonction de la longueur du tube. Depuis quelques temps, on voit apparaître des sandows de diamètre 20 mm, plus puissants que les classiques sandows de 16 mm.

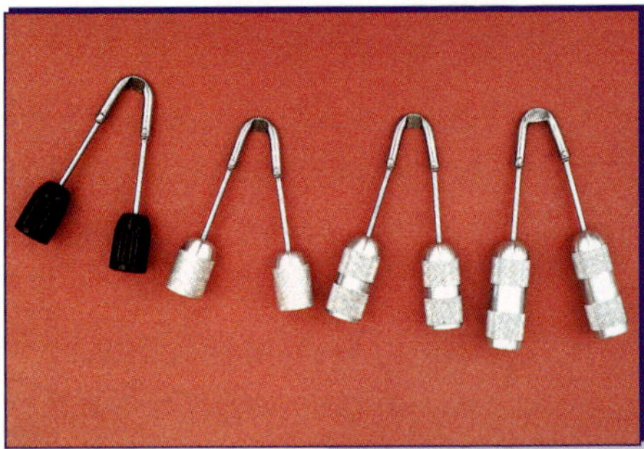

- Les obus, ou ogives, sont deux éléments en matière plastique (parfois en alu) se vissant à l'extrémité des sandows, et reliés entre eux par une pièce métallique en forme de "V". Celle-ci peut être un simple morceau de corde à piano, ou un câble d'acier. Les ogives les plus utilisées et les plus pratiques sont articulées, c'est-à-dire qu'elles sont composées de deux tiges en acier, reliées entre elles par une troisième pièce métallique articulée en forme de "V" venant se placer dans l'encoche de la flèche. Ce système évite des ruptures intempestives dues à des contraintes répétées lors des chargements.
- La flèche est en acier, et comporte à une extrémité un talon, avec une encoche venant se caler dans le mécanisme de détente, et à l'autre une pointe, précédée d'un ardillon métallique pivotant sur un axe. Cet ardillon joue verticalement, ce qui permet de retenir le poisson sur la flèche lorsqu'il se relève.
- Le fil relie généralement le talon de la flèche à la tête de l'arbalète. Une longueur de fil supplémentaire est retenue le long du tube grâce à un système d'ergot escamotable (ou de simple pince-fil) sous la crosse de l'arbalète, qui libère le fil au moment du tir.

Quelques variantes

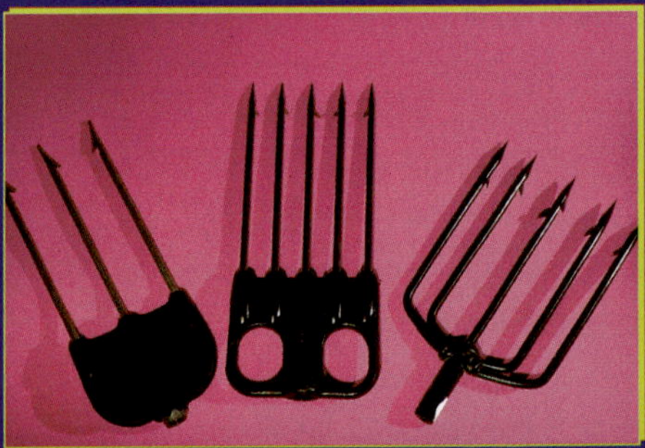

- La flèche décrite ci-dessus est la classique "tahitienne" en inox (à pointe unique), mais on peut aussi trouver des flèches se terminant par un trident ou par une pointe à cinq dents.
- Le classique tube d'aluminium de l'arbalète est parfois remplacé par une pièce en bois verni, très rigide, ou par un tube en fibre de carbone, léger. Ces deux matériaux contribuent à accroître la rigidité du tube qui, sous l'effet de sandows puissants, a tendance à ce cintrer (ce qui nuit à la précision du tir). Mais ces deux solutions augmentent de façon sensible le coût de l'arbalète.

LE FUSIL PNEUMATIQUE

Moins répandu en France que dans d'autres pays (Italie ou Russie), le fusil pneumatique possède un avantage majeur sur l'arbalète : sa puissance.

Plus sophistiqué que l'arbalète à sandows, il utilise de l'air comprimé dans une chambre en aluminium, formée par le tube du fusil, comme moyen de propulsion de la flèche. Ce système nécessitant une étanchéité parfaite, il convient d'accorder un entretien régulier à ce type d'arme, afin qu'aucune oxydation ni aucune usure des joints n'apparaissent.

Grâce à sa puissance, souvent modulable par une molette de réglage, le fusil pneumatique peut être utilisé dans des dimensions réduites, notamment pour chasser dans les petites anfractuosités rocheuses. La flèche, d'un diamètre important, est plus lourde que la classique tahitienne de l'arbalète. On a longtemps reproché au fusil pneumatique un certain manque de précision et son tir bruyant. De nouveaux modèles ont commencé à faire disparaître ces défauts.

LES ACCESSOIRES

La ceinture de plombs

Indispensable, elle permet au chasseur de descendre au fond sans trop d'effort, en compensant (surtout dans les premiers mètres) la flottabilité importante de la combinaison. Le lestage doit s'adapter à chaque individu, à l'épaisseur de la combinaison, au type de chasse et à la profondeur à atteindre. Il existe plusieurs types de boucles, mais la "Marseillaise" est la plus répandue parmi les chasseurs, du fait de sa grande facilité de largage en cas de problème. Choisissez plutôt une ceinture en caoutchouc élastique, qui tient mieux en place et gène moins la respiration qu'une ceinture rigide en nylon.

Deux modèles de plombs de jambes.

Il existe également des baudriers sur le marché. Composés de deux plombs latéraux et d'un grand plomb dorsal reliés par des sangles, ils permettent de mieux répartir le poids total sur le dos, ce qui fatigue moins les lombaires. D'un poids généralement égal ou supérieur à 7 kg, le baudrier convient surtout à la chasse d'hiver dans peu d'eau, lorsque le froid oblige à porter une combinaison épaisse. Son inconvénient réside dans son encombrement, et il faut prendre garde de ne pas rester coincé en visitant des trous. Le lestage peut être complété par des plombs de jambes de 500 g.

Les chaussons

En néoprène refendu intérieur (plus chaud mais plus fragile) ou en doublé deux faces, ils sont très utiles, en été pour éviter les frottements de la palme sur le pied, et en hiver pour garder les pieds au chaud.

Les gants

En néoprène l'hiver, ou en caoutchouc l'été (des gants de ménage font très bien l'affaire si l'on évite les couleurs trop vives), ils ont également un rôle d'isolation thermique et de protection contre les agressions extérieures (épines d'oursins, anémones, nageoires piquantes, ou sandows qui lâchent dans les mains). Lorsqu'il fait très froid, l'utilisation de moufles apporte une meilleure isothermie.

Le couteau

C'est en fait une dague assez courte et effilée qui se porte généralement au mollet grâce à deux sangles de fixation, ou à la ceinture. La dague est indispensable pour la sécurité du chasseur, en cas d'accrochage sous l'eau avec un filet, un fil de pêche, etc. Elle est également très utile pour achever le poisson, et pour le vider ensuite.

Le moulinet

Précieux accessoire se fixant soit sur l'arbalète, soit à la ceinture, soit au bras, il permet d'avoir une réserve de fil de 40 à 50 m, très utile lorsqu'on tire un gros poisson, qui peut avoir tendance à vous entraîner. Le moulinet permet de remonter en toute sécurité sans avoir à lutter contre le poisson, surtout lorsqu'on chasse un peu profond. Enfin, lorsque le poisson fléché rentre dans son trou, le moulinet permet de regagner la surface en maintenant une certaine traction sur la flèche. Le fil devient ensuite un fil d'Ariane qui permet de redescendre juste sur la bonne pierre, ce qui n'est pas toujours facile lorsque l'eau est sale ou que la profondeur est importante.

L'accroche-poissons

Le plus simple et pratique se compose d'un stylet métallique percé en son milieu. Par ce trou, on passe une cordelette reliée par l'autre extrémité à la ceinture. Cette cordelette fait le tour du buste du chasseur, et le stylet vient se glisser soit directement sous la ceinture, soit dans un étui qui lui est destiné. Pour accrocher le poisson, il faut passer le stylet dans une des ouïes, et le faire ressortir par la gueule. Les poissons plus fragiles peuvent être enfilés par les yeux.

La planche ou la bouée

La bouée est obligatoire, car en plus de son utilité pour transporter du matériel, elle joue un rôle de sécurité pour le chasseur en balisant sa présence aux yeux des autres usagers de la mer. De couleur vive, de forme sphérique ou allongée, elle dispose de plusieurs anneaux pour fixer une ou plusieurs arbalètes, l'accroche-poissons, etc. Un des anneaux peut être relié à un dévidoir contenant une trentaine de mètres de corde, au bout de laquelle est fixé un plomb.

La planche de chasse, de conception plus récente, est un engin de la taille d'un body-board, en matière rigide (polystyrène et fibre + résine en général), remplissant le même rôle que la bouée, mais avec plusieurs avantages : grâce à un meilleur hydrodynamisme, elle permet au chasseur de moins forcer en la tirant, et il peut même se hisser dessus pour se déplacer d'un coin à un autre. Comme elle est pleine, il n'existe pas de risque de crevaison. En revanche, son inconvénient réside dans son encombrement et son poids hors de l'eau. Bien qu'il existe aujourd'hui plusieurs modèles de planches commercialisés, sa réalisation reste encore très souvent artisanale.

4

APPRENTISSAGE ET ENTRAÎNEMENT EN PISCINE

La pratique du P.M.T., c'est-à-dire "Palmes, Masque, Tuba", en piscine, est une étape quasi-indispensable pour le néophyte qui veut s'habituer au milieu aquatique et acquérir une aisance dans le maniement de ces trois éléments de base du matériel.

LES AVANTAGES DU BASSIN

L'approche de la chasse sous-marine peut se faire en mer, ce qui est sans doute bien plus amusant. Toutefois, la piscine reste un milieu privilégié pour l'apprentissage. Pourquoi ?

1 - La piscine rassure

La piscine est généralement plus proche du domicile ou du lieu de travail que la mer, sauf pour certains privilégiés. Elle est surtout indépendante des conditions extérieures. Cette stabilité du milieu aquatique est rassurante. D'ailleurs, il arrive très souvent qu'une première expérience de chasse sous-marine en mer, quand les conditions sont difficiles, se solde par un très mauvais souvenir. C'est pourquoi l'approche en piscine permet de dégrossir l'aspect technique, laissant l'esprit plus libre pour affronter le milieu naturel par la suite.

2 - La température est clémente

La température de l'eau est aussi un point fort de la piscine, car elle dispense de l'utilisation de la combinaison, si bien que le chasseur débutant va pouvoir se concentrer sur les relations entre son corps, le trio palmes/masque/tuba et l'eau.

3 - Le contact avec l'eau toute l'année

Grâce à des chasseurs assurant l'encadrement au sein du club, le débutant va apprendre les premiers gestes de l'apnée et du palmage, qui paraissent anodins et presque naturels lorsqu'ils sont pratiqués par des chasseurs confirmés, mais dont l'acquisition demande parfois un certain temps.

Si l'atmosphère chlorée et l'observation monotone des petits carreaux du fond du bassin ne sont guère passionnantes, l'entraînement en piscine est l'occasion de se retrouver avec les copains du club, de discuter de chasse et de poissons. Pour de très nombreux chasseurs, c'est la seule façon de rester en contact régulièrement avec l'élément liquide, y compris en hiver.

L'APNÉE STATIQUE HORS DE L'EAU

C'est un paramètre dont la maîtrise est indispensable pour pouvoir passer aux étapes suivantes. L'apnée doit être presque naturelle, et le néophyte devra la pratiquer sans effort, sans même y penser. Pour cela, il lui faut respecter certaines étapes.

- **Apprendre à retenir son souffle hors de l'eau**. Sans jamais forcer, le chasseur doit sentir que tout effort réduit le temps d'apnée, et qu'au contraire, un état de décontraction et une relaxation préalable, associés à une respiration calme, vont permettre de retenir son souffle plus longtemps et plus facilement.
- **Se méfier de l'hyperventilation**. Ces exercices doivent se faire sans chronométrage, car il s'agit avant tout de se sentir bien en état d'apnée. Ils permettent en outre de pouvoir se familiariser avec les signes d'alerte du pire ennemi de l'apnéiste : l'hyperventilation. Ce phénomène apparaît lorsqu'on se prépare à l'apnée en effectuant des mouvements respiratoires exagérés qui vont entraîner une perturbation des mécanismes d'alarme du manque d'oxygène, et donner l'impression à l'apnéiste qu'il

dispose d'un temps d'apnée supérieur. Mais le manque d'oxygène va se manifester plus brutalement, et si le chasseur est encore au fond à ce moment, il risque la syncope, c'est-à-dire la perte de connaissance brutale et la noyade.

- **Déceler les signes de la syncope**. Les signes avant-coureurs de l'hyperventilation sont connus, et doivent être détectés pour prévenir l'engrenage décrit ci-dessus : picotements et fourmillements au niveau des doigts et des orteils, sensation de vertige. Si de tels signes apparaissent au cours de la préparation de l'apnée, il faut s'arrêter momentanément de se ventiler, et reprendre une respiration normale. La reconnaissance de ces signes au cours d'exercices hors de l'eau permet d'éviter des accidents, même en piscine.
- **Adopter une respiration lente et profonde mais pas forcée ou accélérée**. La ventilation préparatoire à l'apnée doit être ample, le rythme respiratoire plutôt lent.
- **S'habituer à l'apnée**. Outre une bonne préparation, l'apnéiste doit apprendre à faire reculer cette sensation si désagréable de manquer d'air, cette envie irrésistible de reprendre son souffle. Pour cela, il doit comprendre que son corps ne doit pas se contracter pour garder l'air prisonnier en lui, mais que c'est juste sa glotte qui doit l'empêcher de s'échapper, comme une valve anti-retour. Sans jamais forcer, il doit se sentir bien en apnée, car c'est sans doute le plus important pour prendre du plaisir à pratiquer la chasse sous-marine.

L'APNÉE STATIQUE SOUS L'EAU

Cette étape fait intervenir un élément nouveau : l'eau. Celle-ci va exercer une certaine pression sur l'organisme et entraîner un refroidissement plus ou moins rapide selon les individus. De nouveaux sons, de nouvelles sensations, vont représenter autant de stress inhabituels qui peuvent entraîner une dépense d'énergie et une réduction du temps d'apnée. Autre point auquel l'apnéiste doit s'habituer : dans l'eau, il se retrouve avec un masque plaqué sur le visage, ce qui l'empêche d'inspirer par le nez. **Il doit donc apprendre à se préparer en ne respirant que par la bouche.**

CONSEILS.

1 - Plaquer le masque sur le visage, en serrant légèrement la sangle et en inspirant un peu par le nez pour créer une dépression dans le masque.

2 - Se placer au niveau de l'échelle dans la piscine, et s'immerger en descendant le long des barreaux. Demander la surveillance d'une personne en surface.

3 - Effectuer le même exercice en demandant à la personne de vous chronométrer en apnée, sans jamais forcer, afin de mesurer votre aisance séance après séance.

L'entraînement en piscine se fait toujours sous surveillance.

Comment recracher l'eau du tuba

Un geste anodin mais dont la maîtrise est obligatoire. Sous l'eau, le tuba se remplit d'eau. Cette eau doit être expulsée au retour en surface, sans pour autant ôter le tuba de la bouche. Voici comment faire.

1. Placez-vous debout dans la piscine, là où vous avez pied.
2. Prenez une inspiration, et retenez votre souffle.
3. Le tuba bien en bouche, immergez-vous en vous asseyant. L'eau va s'introduire dans le tuba, en libérant un chapelet de bulles, jusque dans votre bouche.
4. En faisant ressortir un peu d'air de vos poumons vers votre cavité buccale, créez une surpression afin de ne pas laisser l'eau envahir votre bouche. En effet, lorsque vous serez en mer, le contact prolongé avec l'eau salée peut altérer la muqueuse buccale
5. Restez ainsi immergé quelques secondes.
6. Remontez et, arrivé en surface, crachez violemment l'eau du tuba en mettant la langue contre le palais, comme pour prononcer un "T", ou comme pour recracher un corps étranger de votre bouche, et en contractant brusquement le diaphragme.
7. Renouvelez l'exercice, en essayant de sentir le moment où le tuba perce la surface pour recracher l'eau, sans avoir à sortir la tête.

Avec l'entraînement, vous apprendrez à ne plus laisser échapper de bulles bruyantes de votre tuba lors de l'immersion, en aspirant aussitôt l'eau dans le tuba jusqu'à ce qu'elle atteigne la bouche. L'air du tuba ne peut donc s'échapper, puisque vous l'aspirez.

LE PALMAGE EN SURFACE

Les palmes sont des outils très précieux, car elles permettent des déplacements rapides d'un coin de chasse à un autre et de plus, elles propulsent le chasseur vers le fond (et ensuite vers la surface) en minimisant la dépense d'énergie. Encore faut-il savoir les utiliser, car elles peuvent devenir sources de tracas (ampoules, tendinites, crampes). Vous devez toujours les mettre avec des chaussettes ou des chaussons, pour limiter les frottements et les irritations. Les mouvements doivent être amples, sans précipitation, afin d'éviter l'apparition de crampes.

1 - Le palmage en sustentation verticale

C'est un palmage qui sert peu en chasse, essentiellement pour regarder hors de l'eau lorsqu'on cherche sa bouée, son équipier, le bateau ou des repères à la côte. Le palmage "debout en surface" est un bon entraînement qui permet d'apprécier l'efficacité de mouvements amples et lents, et de comprendre que c'est un mode de propulsion en deux phases, "aller" et "retour".

2 - Le palmage en surface

Si vous palmez en gardant les genoux relâchés et les jambes pliées, vous n'aurez aucune puissance de propulsion. La puissance est transmise de manière optimale lorsque les genoux sont "verrouillés", c'est-à-dire que les jambes sont tendues. Mais dans cette posture, les voilures exercent une telle résistance que la puissance musculaire est insuffisante pour avancer rapidement. Le compromis est donc trouvé en palmant avec les jambes à demi-fléchies, et tendues en fin de mouvement.

En surface, le mouvement aller et celui du retour de la palme ne peuvent être symétriques, car les palmes sortiraient de l'eau lors du retour. Le mouvement doit donc être plus ample vers l'avant (vers le fond de la piscine), sans toutefois négliger le mouvement de retour, le maximum de la puissance devant être atteint lorsque les palmes se croisent.

Pour vérifier que votre palmage de surface est bon :

- **Contrôlez** que vos palmes ne sortent pas de l'eau à chaque mouvement retour (c'est bruyant et inefficace). Si tel est le cas, c'est sans doute parce que vous êtes trop cambré (fesses et talons sortent de l'eau) ou parce que votre mouvement retour de palmage est trop ample. Ou les deux !

L'ennemi N°1 du palmage en surface est la palme sortant de l'eau.

- **Chronométrez** le temps mis pour effectuer une longueur de bassin en comptant le nombre de coups de palmes. Vous mesurerez ainsi vos progrès, soit dans l'amélioration des performances, soit à performance égale, dans la réduction de la fatigue.

- **Demandez** à un observateur au bord de la piscine de vous regarder palmer, il pourra ainsi corriger vos défauts.

LES SECRETS DU CANARD

Voici un geste technique difficile à réaliser correctement mais dont la maîtrise est un atout majeur. En effet, il permet :

- de descendre à deux bons mètres sous la surface sans effort de palmage,
- d'effectuer le passage du milieu aérien au milieu sous marin sans bruit ni fracas, et donc de descendre vers le poisson sans l'effrayer.

Sa réalisation est basée sur l'utilisation du poids de la partie inférieure du corps (jambes) pour s'enfoncer sous la surface, grâce à un mouvement en trois phases : (voir page suivante)

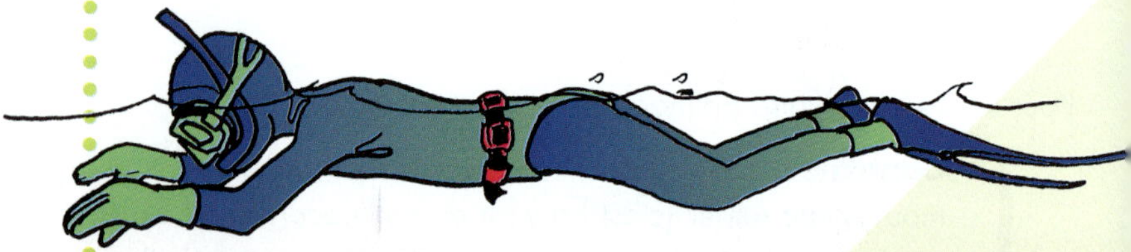

1 Légère avancée en position horizontale, afin d'acquérir un minimum de vitesse

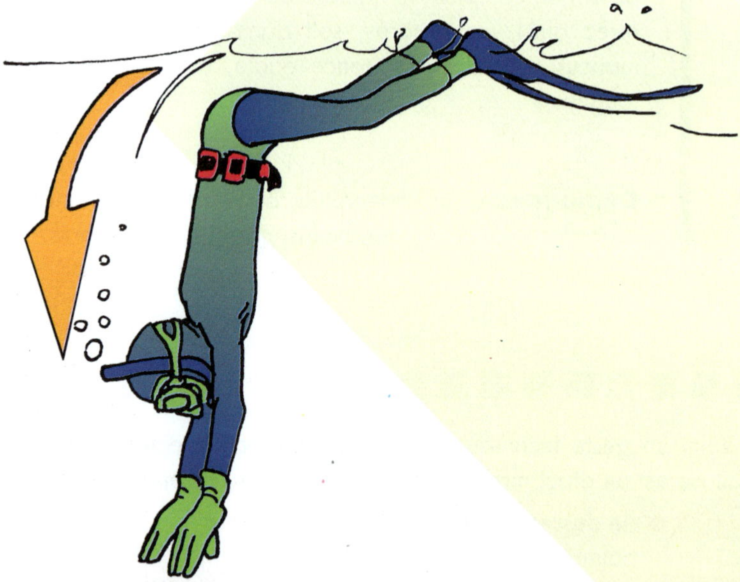

2 Basculement de la partie haute du corps vers le fond du bassin, dans un mouvement assez rapide

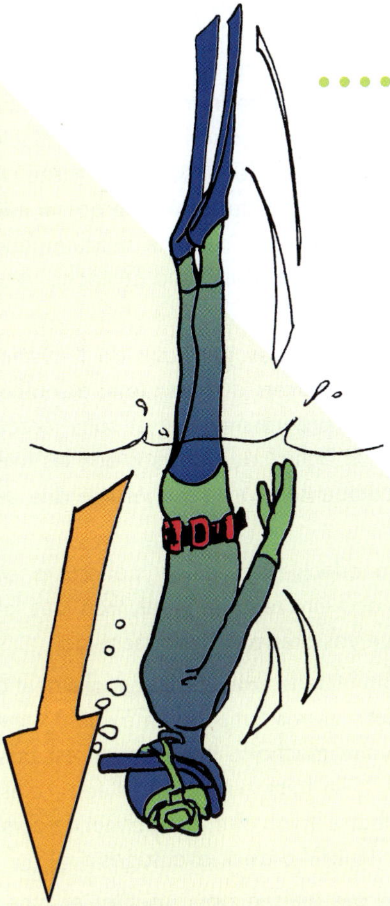

3 Remontée des jambes jointes en position verticale hors de l'eau, ce qui va entraîner le corps tout entier vers le fond, sans aucun palmage

L'utilisation des bras est importante. Dans la première phase, le chasseur se préparant, ils sont écartés et dirigés de préférence vers l'avant. Lors de la bascule, ils servent de balanciers et permettent au tronc de se diriger bien verticalement vers le fond. Enfin, lors de la dernière phase, ils peuvent servir de propulseurs, par un mouvement circulaire les amenant de l'avant vers les jambes. Pour vous entraîner à sentir le coup de reins permettant la bascule du tronc vers le fond, placez-vous à l'endroit de la piscine où vous avez de l'eau jusqu'au cou, et amusez-vous à aller récupérer un objet au fond du bassin.

Pour acquérir le bon mouvement des jambes, mettez-vous du côté le plus profond du bassin, et entraînez-vous à descendre toucher le fond sans palmer. Un observateur extérieur veillera à ce que vos jambes restent bien verticales et que vous ne faites pas trop de bruit en effectuant votre canard. **Un bon truc** aussi pour s'améliorer : effectuez le même exercice en enfilant une veste de combinaison, mais sans lestage. Vous sentirez bien ainsi qu'un canard effectué correctement permet de réduire son lestage, facilitant du coup la remontée.

TOUT L'ART DE LA COMPENSATION

Même en piscine, vous allez ressentir les effets de la pression de l'eau sur vos tympans, dès l'instant où vous allez atteindre le fond du bassin. En apprenant à compenser cette pression, vous allez acquérir cet automatisme qui doit se pratiquer depuis les premiers mètres de descente et jusqu'au fond. Ainsi, vos tympans ne seront pas soumis à cette agression qui, si elle est minime dans peu d'eau, peut à la longue entraîner une inflammation chronique du tympan, du conduit auditif ou des trompes d'Eustache. Vos oreilles sont précieuses, préservez-les !

- En descendant verticalement le long des barreaux de l'échelle, apprenez à vous pincer le nez au travers du masque et à souffler (en gardant la bouche fermée !) progressivement et sans forcer, jusqu'à ce que vous ressentiez un "tchic" qui vous soulage les tympans : ça y est, vous savez compenser par la manœuvre dite de Valsalva !
- Par la suite, entraînez-vous à effectuer la même manœuvre en effectuant un canard. Celle-ci doit être renouvelée environ tous les deux mètres, sans attendre que vos oreilles vous fassent mal.
- Si, lorsque vous vous rendez en altitude, vous arrivez facilement à compenser l'effet de la pression sur vos tympans en avalant votre salive ou en faisant bouger votre mâchoire inférieure, il est possible que vous soyez capable d'en faire autant sous l'eau : c'est ce qu'on appelle la Béance Tubaire Volontaire, qui permet de compenser sans se pincer le nez. La BTV a deux avantages :
  - vous économisez l'énergie utilisée pour souffler et créer la surpression,
  - vous disposez de vos deux mains libres.

Avec la pratique, certains arrivent même à compenser sans même y penser...

C'est l'oreille qui décide !

Attention, si une oreille ne "passe" pas, il ne faut surtout pas forcer et poursuivre sa descente, au risque de subir un accident barotraumatique parfois très grave. Remontez en surface, ôtez votre masque, mouchez-vous sans trop forcer afin d'évacuer un éventuel excès de mucus, et tentez à nouveau une manœuvre à l'air libre : si ça "repasse", vous pouvez effectuer à nouveau une descente. Sinon, mouchez-vous à nouveau, et patientez un peu afin que la trompe retrouve sa perméabilité. Si tout cela reste sans effet, il vaut mieux sortir de l'eau pour cette fois et remettre votre sortie à un autre jour.

LE PALMAGE EN IMMERSION

Les bassins étant généralement trop peu profonds pour s'entraîner en descente verticale, à moins de bénéficier d'une véritable fosse, le mieux est de pratiquer des longueurs en immersion horizontale.

- Après vous être préparé en surface, effectuez votre canard pour atteindre le fond, auquel vous devez vous plaquer. Ainsi, en avançant, le courant d'eau va vous maintenir près du fond, vous évitant de faire des efforts pour ne pas remonter. Ces longueurs de bassin doivent se faire sans jamais forcer, le but étant de vous sentir le plus à l'aise possible, et pas d'aller le plus vite possible. Entraînez-vous à atteindre l'autre extrémité de la piscine dans un temps donné, en palmant sans effort, et en essayant de minimiser les dépenses d'énergie.

COMMENT S'ENTRAÎNER

Il est certain qu'en parlant de palmage en immersion, on sous-entend la pratique d'une apnée dite "dynamique". Avec ce qui a été dit sur l'apnée statique et sur le palmage, vous possédez la base de l'apnée dynamique. Par rapport à l'apnée statique, le nouvel élément à prendre en considération est l'influence importante de l'effort physique sur le temps d'apnée et sur la durée de la récupération entre deux apnées.

La pratique en piscine donne au débutant l'occasion de se familiariser avec cette relation entre l'effort sur et sous l'eau et la durée de l'apnée. Pour le chasseur sous-marin, débutant ou confirmé, l'entraînement en piscine est un moyen incontournable de garder un contact avec le milieu aquatique, ce qui rend beaucoup plus facile chaque nouvelle sortie en mer.

Pour les chasseurs qui ne peuvent pas effectuer de nombreuses sorties en mer (manque de temps, éloignement des sites), l'entraînement hebdomadaire en piscine permet une perte moins rapide du "sens de l'eau", ce qu'on appelle l'aquaticité. C'est cette notion qui confère au chasseur une meilleure aisance dans l'eau, une perception plus affinée de l'espace aquatique et de son déplacement. Ainsi, il sera d'emblée efficace en mer, et aura moins d'effort à fournir pour s'adapter. Le second point à travailler en piscine est bien sûr la condition physique, selon deux grands axes : l'entraînement de fond et la récupération.

L'entraînement de fond

Il se travaille essentiellement par la pratique du palmage de surface. Il développe les performances cardiaques, mais aussi la masse musculaire des cuisses et donc la puissance et la vitesse de palmage, ainsi que la résistance des ligaments et des tendons des chevilles, très sollicités et souvent douloureux au début.

- Commencez votre entraînement par un échauffement et un assouplissement, en effectuant quelques longueurs de bassin sans les palmes (crawl et brasse).
- Poursuivez votre échauffement en parcourant un minimum de dix longueurs en palmant sans forcer. Contrôlez votre rythme cardiaque, il ne doit pas monter en flèche et doit redescendre rapidement un peu au-dessus de la normale, afin de pouvoir commencer l'entraînement en apnée sans tarder.
- En fin d'entraînement, réservez-vous quelques dizaines de minutes pour du palmage plus intensif, où la fréquence cardiaque doit correspondre à celle atteinte lorsque vous faites un footing. La distance parcourue importe moins que le temps consacré à ce palmage, mais notez-la quand même pour évaluer vos progrès.

La récupération

Elle se travaille par une alternance de phases d'apnée et de palmage en surface. Ce type d'entraînement permet de raccourcir vos phases de préparation entre deux apnées, après un déplacement à la palme, ou lorsqu'il vous faut lutter contre le courant. Il s'effectue sous forme de séries, entrecoupées de phases de repos. Voici des suggestions d'exercice.

- Séries de longueurs de bassin en apnée, en réduisant le temps de récupération de manière dégressive. Par exemple, commencez par une préparation de 30 s pour 25 m en apnée, puis 20 s, puis 15, jusqu'à ce que les apnées deviennent vraiment difficiles. Il n'est pas utile de faire des séries trop longues, une dizaine de longueurs suffit.

Bien sûr, avec l'entraînement, vous pourrez commencer directement par 10, 8, ou 6 inspirations en guise de préparation, l'essentiel étant de bien sentir que vous forcez sur vos apnées.

- Séries de 25 m en apnée, alternées avec 25 m de palmage en surface. L'intérêt de ce type d'exercice est de simuler une situation où le chasseur doit se préparer dans le courant, sans s'arrêter de palmer. Commencez par un palmage tranquille en surface, puis accélérez progressivement, jusqu'à sentir que vous forcez vraiment lors de l'apnée qui suit. Calculez votre effort de palmage en surface de manière à ce que vous puissiez effectuer des séries de 10 séquences 25 m surface + 25 m apnée.

- Vous pouvez "corser" les exercices précédents en les réalisant tout en tractant un poids mort, ou en poussant votre camarade de jeu devant vous. Vous pouvez également agrémenter vos séances d'entraînement de divers exercices visant à améliorer vos facultés de concentration en immersion, votre aquaticité et votre aisance sous l'eau. Par exemple : mettre les deux palmes sous l'eau, attacher une montre, effectuer des nœuds sur une corde, faire des calculs sur une ardoise, passer au travers de cerceaux immergés sans les toucher.

Et gardez toujours à l'esprit qu'un entraînement n'a rien du bagne, et qu'il doit conserver un aspect ludique et collectif pour compenser son côté austère dû à sa pratique dans un milieu clos et artificiel.

5

PREMIÈRES SORTIES EN MER

Après la mise en train en piscine, il est temps de découvrir la mer. Mais attention, ce n'est pas parce que vous avez acquis les rudiments de la pratique du "P.M.T." que vous êtes en mesure de braver tous les dangers. Il convient donc de respecter un minimum de règles et d'y aller progressivement.

DES PISTES POUR CONNAÎTRE UN SECTEUR...

Primordial pour ne pas se dégoûter rapidement de la chasse sous-marine : choisir un bon secteur. Réaliser ses premiers canards sur une zone inadaptée (eau trop sale, pas de poissons) peut en effet décourager le débutant. Sans parler des risques sur des secteurs difficiles (courant violent, profondeur excessive, exposition à de brusques coups de vent).

Si vous êtes membre d'un club, vos encadrants connaissent les zones idéales et vous y accompagneront, en vous associant à un chasseur plus expérimenté, voire un moniteur, qui vous montrera l'exemple et dont la présence vous rassurera.

Si vous êtes seul, tâchez de trouver un équipier pour toutes vos sorties. S'il est plus expérimenté que vous, il connaît certainement des zones adaptées à votre apprentissage.

Vous pouvez compléter votre information de la façon suivante :

- **Parcourez Apnéa-Magazine** ; cette revue décrit précisément certaines zones de chasse, et donne des renseignements pratiques (accès, mise à l'eau, meilleur temps pour y rencontrer du poisson...) ;
- **Passez systématiquement par la capitainerie du port** afin de connaître les zones interdites et la réglementation locale.

- **Baladez-vous le long de la côte**, allez discuter avec des chasseurs sortant de l'eau, et également avec des pêcheurs professionnels. Faites aussi un détour chez le détaillant d'articles de chasse sous-marine local ; c'est souvent lui-même un chasseur, son avis peut vous guider.
- **Procurez-vous une carte marine** de la zone, et apprenez à la déchiffrer.

... ET DES CONSEILS POUR CHOISIR UNE ZONE

1 - **Évitez les zones sableuses ou vaseuses**, ainsi que les secteurs où les lignes isométriques des profondeurs sont très rapprochées car elles indiquent que la profondeur augmente très rapidement dès qu'on s'éloigne du bord. Préférez les zones rocheuses étendues dans des profondeurs allant de 2 à 20 m, surtout si elles sont parsemées de nombreuses remontées.

2 - Le découpage de la côte étant important, **retenez des zones comprenant des pointes ou des caps**, délimitant une partie abritée et une partie exposée au vent et au courant dominant. Bien sûr, pour commencer, optez pour les parties abritées.

3 - **Les écueils et îlots sont souvent très intéressants**, mais il faut bien évaluer la distance les séparant de la côte, sachant que le courant est souvent fort dans ces passes et que la circulation des bateaux y est peut-être importante. Et pensez au trajet retour alors que la fatigue fera sentir ses effets !

4 - **Une bonne zone de chasse pour débuter doit vous permettre de chasser entre 2 et 10 m**, avec possibilité de se replier rapidement sur un secteur

abrité des vents et courants dominants (courants de marée en particulier). L'eau doit y être claire, suffisamment pour que vous puissiez distinguer le fond jusqu'à 10 m.

5 - **Vous pouvez opter pour une digue formée de gros blocs rocheux.** La profondeur y est rarement importante, et du fait de la rareté d'abris aux alentours, elle constitue un refuge pour de très nombreux poissons. Il serait illusoire de compter faire une belle pêche dès la première sortie, d'autant que les poissons fréquentant les digues sont habitués à la présence de l'homme, et donc méfiants.

S'ADAPTER AUX CONDITIONS

Comme nous l'avons déjà vu, une des difficultés majeures de la chasse sous-marine réside dans la confrontation avec un milieu inhabituel et relativement hostile. Il est préférable de choisir la saison estivale pour mettre à profit un travail en piscine en passant à la pratique en mer, car on limite ainsi les "agressions" extérieures, plus importantes dès la fin de la belle saison.

Choisissez une belle journée pour votre baptême en mer, en vous basant sur les bulletins météo et en vous renseignant sur les conditions de mer (température, clarté, courant, présence de poissons) des jours précédents. Si vous êtes en vacances, plusieurs sorties successives vous permettront de progresser rapidement, notamment au plan de l'aisance sur et sous l'eau. Par la suite, vous pourrez envisager des sorties avec des conditions moins favorables.

Le froid

Dès le mois de novembre, et jusqu'au mois de mai en Méditerranée, l'eau va se refroidir, pour atteindre 13°C sur la Côte d'Azur, 11°C vers Marseille, et jusqu'à 7°C en Languedoc, en février. Ce refroidissement de l'eau s'accompagne d'un refroidissement de l'air, souvent en rapport avec l'apparition d'un vent du Nord, Mistral ou Tramontane. La lutte contre le froid va donc être une priorité, avant, pendant et après la sortie.

En hiver, c'est souvent à bord que le refroidissement est le plus sévère.

Les écarts de température entre l'été et l'hiver sont plus réduits sur la façade Manche-Atlantique. À titre d'exemple, près de Brest, la température moyenne varie de 9° (février) à 17° (août). En Charente-Maritime, elle passe de 11° à 20°. La lutte contre le froid y est donc une priorité permanente.

- La séance d'habillage doit être la plus brève possible. Préparez tout votre équipement à portée de main, dans un coin à l'abri du vent. Disposez un tapis de sol par terre pour isoler vos pieds et éviter d'introduire du sable à l'intérieur de la combinaison. Enfilez-la en utilisant du talc si elle est sèche, ou de l'eau chaude avec un peu de shampooing si elle est mouillée. Signalons qu'il existe maintenant un gel spécial pour enfiler une combinaison "spécial chasse".
- Choisissez une combinaison assez épaisse pour l'hiver (6,5 ou 7 mm), de bonne qualité et bien coupée. La souplesse d'un bon néoprène permet de compenser l'épaisseur importante d'une combinaison d'hiver.
- Vous pouvez utiliser des sangles en caoutchouc (chambre à air de récupération) pour assurer une certaine étanchéité au niveau des poignets, des chevilles et de la taille.
- Lorsqu'il fait très froid, l'utilisation de moufles à trois doigts permet de moins souffrir du froid. Cependant, il faut s'habituer à la difficulté d'effectuer des manipulations précises avec seulement six doigts sur dix.
- Ne choisissez pas des chaussons trop épais, car ils risquent de bloquer la circulation sanguine au niveau des pieds, et de provoquer une onglée très douloureuse et invalidante.
- Si vous ne désirez pas investir tout de suite dans une combinaison d'hiver, vous pouvez utiliser votre vêtement d'été, en rajoutant un fin gilet de néoprène, soit par-dessus si votre combinaison est déjà serrée, soit sous la veste si elle est suffisamment ample.
- Pour ne pas vous refroidir trop vite en action de chasse, alternez les séances d'agachon éprouvantes car nécessitant une immobilité et provoquant donc un refroidissement rapide, avec de la chasse à trou plus dynamique qui vous réchauffera. De même, si vous voulez chasser un peu profond, profitez des deux premières heures où vous êtes encore chaud pour le faire, et rapprochez-vous du bord ensuite pour chasser à un rythme plus rapide.
- Pensez à prendre un thermos de boisson chaude sur le bateau ou la planche, et buvez régulièrement.

- Faites installer une pissette sur votre pantalon, cela vous permettra de ne pas uriner dans la combinaison. En effet, si cette réaction naturelle au froid semble vous procurer la sensation d'être au chaud pendant quelques minutes, cela ne dure qu'un instant, suivi d'un refroidissement encore plus rapide, sans parler du risque d'irritation, ni de l'odeur...
- Gardez une dizaine de litres d'eau bouillante dans une glacière, elle restera chaude jusqu'à votre sortie de l'eau, et vous pourrez ainsi prendre une bonne douche revigorante dès le retour !

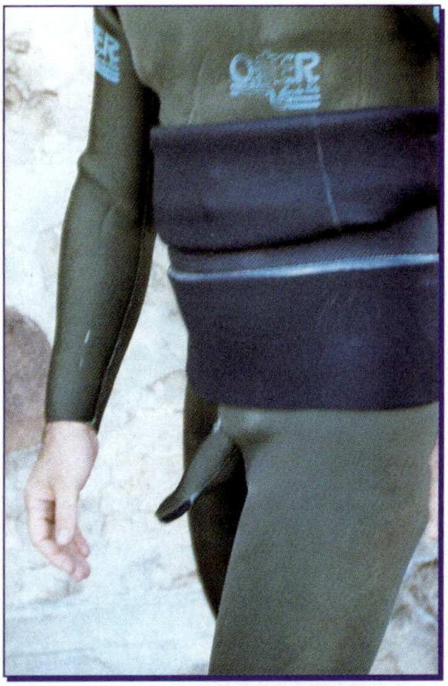

Une pissette ou "bec de canard".

Le courant

C'est un élément omniprésent lors des sorties en mer, en Atlantique bien sûr où il est conditionné par les marées, mais aussi en Méditerranée. Il vaut toujours mieux s'informer avant d'aborder une zone inconnue, sur l'existence de tels courants. Sachant à quoi vous en tenir, vous pourrez chasser sans trop de difficultés face à un courant modéré, notamment grâce à l'entraînement en piscine.

- Pour éviter de perdre une pierre en étant déporté par le courant, mettez-vous face à lui, et palmez en forçant le moins possible, pour vous maintenir à la même place. Si l'eau est trouble et qu'il n'y pas assez de visibilité pour distinguer le fond, vous pouvez baliser le coin au moyen d'une petite bouée reliée à un plomb.
- Apprenez rapidement à prendre des alignements en terre, qui vous permettront de savoir vous situer et de retrouver vos coins.

- Quand le courant est vraiment trop fort, comme c'est le cas sur certaines zones en Bretagne ou en Manche, sachez exploiter le moindre relief émergeant pour vous abriter, et pêcher ainsi juste en limite du courant, jusqu'à ce que celui-ci faiblisse avec l'approche de l'étale.
- S'il n'existe aucun abri, vous pouvez quand même pêcher dans le courant, mais cette fois en l'utilisant pour dériver. En connaissant bien la zone sur laquelle vous pratiquez, vous pouvez ainsi envisager de chasser à la dérive sur une certaine distance, et ensuite soit rentrer par le bord, soit profiter de la renverse pour effectuer le parcours inverse. Cependant, cela exige une bonne connaissance de la zone et des heures de marée, et dans un premier temps il vaut mieux se contenter de fréquenter les coins abrités.

En conclusion, si ces quelques astuces vous aideront à mieux aborder les premières sorties, parfois dans des conditions difficiles, seule la pratique régulière vous permettra d'acquérir une certaine aisance.

L'eau sale et la houle

En dehors de la période estivale, il est fréquent de devoir essuyer quelques dépressions atmosphériques qui peuvent rendre les sorties en mer plus difficiles. La houle, le vent, le ressac, l'eau sale, sont autant de paramètres qui vont modifier les habitudes du chasseur.

- Avec l'eau sale, le chasseur ne voit plus le fond, il a donc du mal à se préparer, et à savoir à quelle vitesse il doit descendre. Un bon truc consiste à compter le nombre de mouvements de palmage nécessaires pour atteindre le fond. Par la suite, en effectuant cet exercice mental, il vous sera facile d'évaluer à quel moment vous arrivez au fond, ce qui réduit considérablement le stress propre aux eaux turbides. Ce stress diminue au fur et à mesure des sorties.
- La houle et le ressac ballottent le chasseur dans tous les sens, avec deux conséquences : l'apparition du mal de mer et une difficulté pour se ventiler. Surtout, vous devez utiliser un matériel simple et rodé, afin d'éviter d'être confronté à des problèmes techniques, sources de mal de mer en surface. Lorsque celui-ci apparaît, il est bien difficile de s'en défaire. Vous devez tenter de trouver un rocher abrité pour vous reposer, et ne plus subir ce terrible mouvement.

6

BIEN UTILISER SON MATÉRIEL

C'est au contact du milieu, en mer, que l'on prend vraiment conscience de l'importance du matériel. Que celui-ci soit de bonne qualité ne suffit pas forcément. Il faut aussi l'utiliser au mieux, parfois lui faire subir une petite préparation préalable.

UNE ARBALÈTE SE PRÉPARE

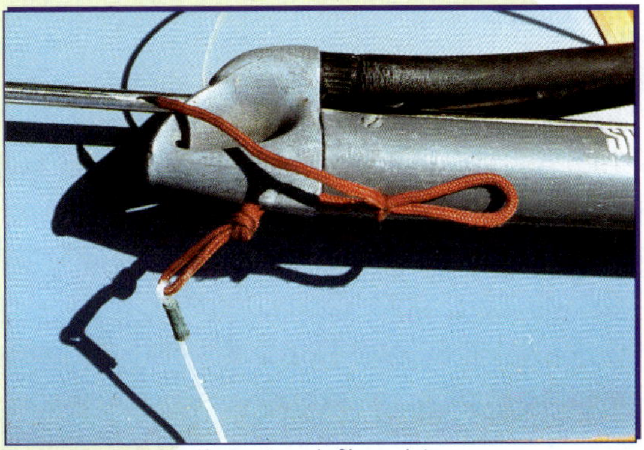

Un montage de fil monobrin.

La particularité de l'arbalète de chasse sous-marine vient du fait que la flèche est reliée à la tête par un fil ; ce fil sert à récupérer rapidement la flèche et à éviter que le poisson ne parte avec. Mais qui dit fil, dit tracas. Rien de plus exaspérant qu'un fil qui s'emmêle autour de la flèche ou des obus, qui bloque la flèche en début de trajectoire. Rien de plus frustrant qu'un fil qui casse, etc.

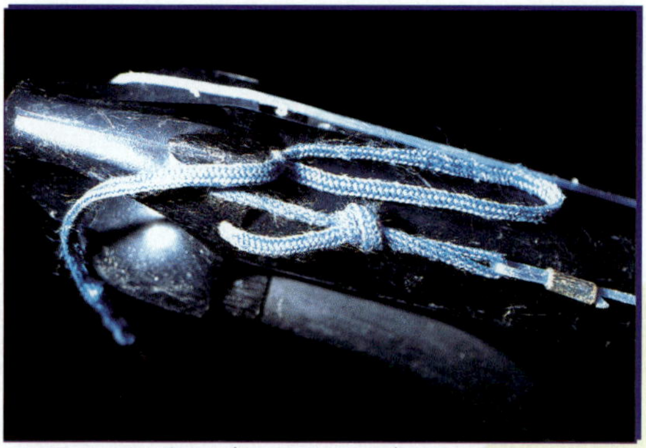

Le noeud du fil doit être rapidement défait en cas de besoin.

- Commencez par changer le fil d'origine (il s'agit le plus souvent de tresse) par du fil de pêche en nylon de 160/100e de diamètre, qui s'emmêle moins et freine moins la flèche. Terminez les deux extrémités par une boucle, réalisée au moyen d'une bague métallique (sleeve) assujettie à l'aide d'une pince. Une des boucles passe par le trou du talon de la flèche, l'autre est reliée à la tête de l'arbalète par l'intermédiaire d'un brin de fil d'origine d'une dizaine de centimètres, ceci afin de pouvoir la défaire rapidement en cas de nécessité.

- Afin d'éviter toute embrouille, le fil doit toujours circuler d'un même côté de l'arbalète : il court le long de la flèche, du talon de celle-ci jusqu'à la tête de l'arbalète, puis fait le chemin inverse mais cette fois sous le tube jusqu'à l'ergot escamotable (ou le pince-fil), et revient enfin, en parallèle, jusqu'à la tête de l'arbalète où il est fixé.

- Assurez-vous que le (ou les) guide-flèche est bien aligné. Il suffit en effet d'un choc des ogives (lors du tir) pour qu'un guide-flèche mal vissé tourne autour du tube.

- Vérifiez les trous de passage du fil, au niveau du talon de la flèche. Limez les bavures qui useraient prématurément le fil.

Attention à l'alignement des guide-flèche.

Différents modèles d'obus.

◆ Si votre arbalète est munie d'obus simples, changez-les pour des modèles articulés en inox.

◆ Vérifiez que la pointe de la flèche est bien aiguisée. Si ce n'est pas le cas, affûtez-la au moyen d'une lime plate, avec modération pour ne pas attendrir l'acier et rendre la pointe plus fragile.

◆ Vérifiez que l'ardillon de la flèche tient tout seul en position relevée (position qu'il devra adopter une fois le poisson tiré). Pour le régler, resserrez **légèrement** les deux côtés à sa base, au moyen d'une pince.

◆ Si votre arbalète dispose d'une sécurité dont le mécanisme est dur, vous ne risquez pas de l'enclencher par mégarde. En revanche, si elle risque de se mettre en place à votre insu, elle peut s'avérer plus dangereuse que sécurisante, et il vaut mieux l'enlever, ou la fixer définitivement (avec un peu de colle) en position de tir.

HABILLAGE ET DÉSHABILLAGE SONT UN ART

Si un vêtement doublé deux faces se met et s'enlève assez facilement, en revanche, une combinaison en refendu intérieur demande des gestes précis, voire délicats, car le néoprène nu est à la fois fragile et adhérent à la peau.

◆ Ne mettez jamais vos ongles au contact direct du néoprène, car à la moindre traction, celui-ci se fendrait immédiatement.

◆ Pour enfiler votre combinaison, commencez par le bas. Le pantalon taille haute est préférable à la salopette, surtout pour des tailles standard, car des bretelles trop courtes peuvent être douloureuses à la longue. De plus, le pantalon peut se rouler sur une dizaine de centimètres à la taille, assurant ainsi un contact néoprène/néoprène, et donc une meilleure étanchéité.

- Prenez les extrémités des deux jambes dans une main, et l'autre extrémité dans la seconde. Remplissez le pantalon de talc (si le vêtement est sec), d'eau tiède légèrement savonneuse (vêtement mouillé, hiver), ou carrément d'eau de mer (été). Enfilez-le d'un coup, rapidement pour ne pas vous refroidir, mais sans brutalité pour éviter de le déchirer.

- Faites la même chose avec la veste, en prenant garde de ne pas coincer la sous-cutale à l'intérieur du vêtement. Commencez par enfiler les manches, puis passez la tête comme avec un pull.

- Finissez en accrochant la sous-cutale, et en enfilant gants et chaussons. Lors des sorties hivernales, il vaut mieux glisser les extrémités des gants et des chaussons sous la combinaison, afin d'assurer un minimum d'étanchéité, celle-ci pouvant être améliorée par l'utilisation de sangles de chambre à air.

- Pour enlever la veste, vous pouvez appuyer vos deux mains sur la cuisse de votre équipier, en vous penchant en avant. Celui-ci prend alors le bourrelet formé avec le bas de votre veste et le tire vers lui, comme pour vous "peler"... Si vous êtes seul, formez un revers au bas de votre veste, remplissez ce repli d'eau, puis tirez vers le haut, comme un pull-over. Ne tirez jamais sur la sous-cutale qui est fragile ! Le pantalon s'enlève aisément, mais il faut prendre garde à ne pas entailler le néoprène intérieur avec les ongles.

COMMENT CHARGER SON ARBALÈTE

Vous devez apprendre à charger l'arbalète rapidement et sans risque. Attention : des obus mal enclenchés sur l'encoche de la flèche peuvent lâcher d'un coup, ce qui est très douloureux pour les doigts. Gardez à l'esprit que le fil de la flèche ne doit jamais se croiser.

Lors du chargement, les sandows doivent être fermement tenus.

- Prenez la flèche dans la main droite, faites passer le talon dans le trou de la tête jusqu'au mécanisme de la crosse, en prenant soin de passer sous les sandows.

- Enclenchez la flèche dans le mécanisme, en veillant à ce que la boucle du fil soit au-dessus de la flèche.

- Tirez sur le fil à la sortie de la tête, et ramenez cette boucle jusqu'à l'ergot de la crosse. Sa longueur doit être telle qu'il se retrouve tendu dans cette position. Vérifiez que le talon est bien enclenché en tirant sur la flèche.

- Placez la crosse au niveau du sternum, et prenez un sandow dans chaque main, au niveau de la bague vissée aux obus.

- Pliez les bras afin de tendre les sandows jusqu'au premier cran, progressivement mais assez rapidement tout de même. Veillez à ce que l'ogive soit bien engagée dans l'encoche de la flèche.

- Réajustez la crosse au niveau du sternum, et renouvelez le geste décrit ci-dessus pour amener l'ogive au deuxième cran. Cette étape n'est nécessaire que si on a l'intention d'effectuer des tirs lointains en pleine eau.

LES SECRETS DU TIR

Au-delà d'une certaine maîtrise technique, le tir nécessite une longue pratique pour devenir parfait. D'autant qu'il ne fait pas appel à une véritable visée. Il s'agit plutôt d'un travail mental de balistique évaluant la trajectoire et le point d'impact de la flèche d'après un alignement plus ou moins grossier de celle-ci avec la cible. C'est un tir au jugé, presqu'un tir d'instinct, ce qui ne veut pas dire qu'il n'est pas précis.

- Dans la mesure du possible (et en dehors du cas de la chasse à trou), le tir doit se faire avec le bras tendu, afin d'aligner au mieux vos yeux (gardez les deux yeux ouverts !), la flèche et le poisson. Vous devez presser sur la détente avec la deuxième phalange en général, et apprendre à ressentir le moment exact de sa course où le mécanisme va libérer la flèche. Ainsi, en appuyant sur la détente, vous n'effectuerez pas de geste brusque qui peut sensiblement dévier le tir.

- Pour acquérir une bonne efficacité, il faut tirer, tirer, et tirer encore, de loin, de près, des poissons de face, de profil, ou fuyant de dos, de dessus, de dessous. Tirez des poissons de taille respectable, et plutôt que de prendre des "alevins" pour cible, entraînez-vous sur de vieilles éponges traînant au fond si vous ne rencontrez pas de poissons de taille suffisante.

LESTAGE : FAITES LE POIDS !

Il existe deux types de lestage : la ceinture classique et le baudrier.

- La ceinture doit être de préférence en caoutchouc relativement élastique, pour ne pas comprimer l'abdomen, et disposer d'un système d'attache facile à défaire en cas de problème. La boucle la plus classique est la "Marseillaise". Une sangle sous-cutale supplémentaire peut s'avérer utile pour éviter que la ceinture ne se retrouve sous vos bras lors de la descente... La ceinture peut recevoir des plombs carrés de 1 kg, ou rectangulaires de 2 kg. Ceux-ci ne doivent pas glisser inopinément le long de la ceinture, déséquilibrant ainsi le chasseur.
- Le baudrier est une solution intéressante pour un lestage important en hiver. Il se compose d'un plomb dorsal plat d'environ 2-3 kg et de deux plombs latéraux de 2 kg, reliés par une ceinture classique et deux bretelles croisées en caoutchouc.

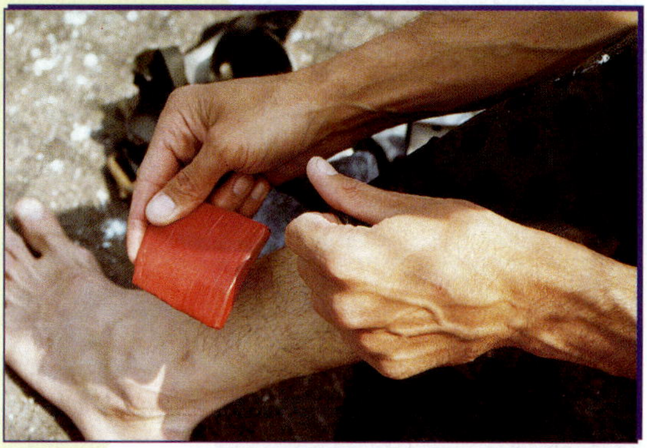

Il existe aussi des plombs de jambes d'environ 500 g qui peuvent compléter le lestage et stabiliser les jambes. Utiles à l'agachon, plus éprouvants lorsqu'il s'agit de palmer longtemps.

Pourquoi se lester ? Avec une combinaison composée en grande partie d'air (sous forme de micro-bulles dans le néoprène) et des poumons remplis d'air également, la flottabilité du chasseur en surface est fortement positive, ce qui contrarie grandement ses tentatives d'immersion. Le lestage compense cet excès de flottabilité. Mais un excès de poids peut s'avérer dangereux, car sous l'eau la force de gravité prend rapidement le dessus sur la poussée d'Archimède, et le chasseur trop plombé risque de couler comme une pierre à partir d'une certaine profondeur. C'est pourquoi il faut vraiment être attentif à son lestage, en respectant quelques règles et en sachant que quatre éléments principaux déterminent le nombre de kilos à accrocher à sa ceinture : son propre poids, son vêtement (en particulier l'épaisseur), la profondeur et la technique de chasse.

- En surface, il ne faut pas avoir tendance à couler lorsque l'on est en phase d'expiration, sauf si on chasse dans très peu d'eau (50 cm à 1,50 m).

- En première approximation, on peut estimer un lestage moyen en fonction de l'épaisseur de sa combinaison : 3 kg pour un vêtement complet de 3-4 mm ; 5 kg pour 5-6 mm ; 7 kg pour 7 mm.

- Adapter son lestage en fonction de la profondeur à atteindre. Si dans très peu d'eau, on peut être légèrement surplombé, en revanche, dès qu'on chasse profond (ce qui peut correspondre à 10 m comme à 35 m selon le niveau), il vaut mieux, par sécurité, être peu lesté ; cela rendra la remontée plus facile, donc plus sûre. Quitte à effectuer un canard parfait pour vaincre plus aisément cette flottabilité positive très sensible dans les premiers mètres de la descente. De plus, quand on est trop lesté, rien de vous aidera à vous "arracher" du fond, sauf larguer la ceinture. Et l'effort fourni lors des premiers mètres de remontée peut être lourd de conséquences si on a déjà poussé son apnée...

- Adapter son lestage en fonction des conditions de pêche. À l'agachon, dans la houle, il est préférable d'être légèrement surplombé, pour bien se caler au fond.

MISE À L'EAU : PRESQU'UN CÉRÉMONIAL

Nous prendrons l'exemple type d'une mise à l'eau à partir d'une plage.

- Vous arrivez au bord de l'eau vêtu de votre combinaison, la ceinture à la taille, avec dans une main palmes et arbalète, et dans l'autre la planche ou la bouée, votre masque et votre tuba.

- Placez votre arbalète dans l'eau à quelques mètres devant vous (seulement si l'eau est claire !), et jetez le plomb relié à la planche (ou la bouée) à peu près au même niveau.

- Mettez bien en place votre cagoule, en prenant soin de rentrer vos cheveux en dessous.

- Crachez dans votre masque, étalez bien la salive sur les verres pour éviter l'apparition de buée, rincez-le, puis placez-le sur votre visage, en le faisant bien passer sous les rebords de votre cagoule. Faites glisser le tuba sous la sangle du masque, en évitant de le faire passer au niveau de votre oreille, ce qui peut s'avérer douloureux à la longue.

- Asseyez-vous dans l'eau pour enfiler vos palmes. Si vous préférez, ou s'il y a des vagues qui vous en empêchent, vous pouvez les chausser hors de l'eau, mais il vous faudra ensuite marcher à reculons pour entrer dans l'eau.

- Récupérez votre arbalète et le plomb de votre planche, et éloignez-vous un peu du bord.

- Lorsque vous êtes dans environ 2 m d'eau, laissez-vous couler à la verticale, la tête en haut, pour faire sortir par la cagoule l'air emprisonné dans la combinaison. Vous pouvez alors charger votre arbalète et commencer la partie de chasse !

LA PLANCHE OU LA BOUÉE

Pour ses nombreux avantages (lire notre encadré), vous devez inclure la bouée ou la planche dans votre équipement habituel. Elle est parfois pénible à traîner, mais ceci est compensé par les nombreux services qu'elle vous rendra.

- Équipez-la d'un enrouleur, afin de pouvoir régler la longueur de corde nécessaire.

- Au départ, ne laissez que 5 m de corde déroulée, afin de palmer à proximité de votre bouée/planche.

- Dès que vous êtes sur la zone de pêche, rajoutez une longueur de corde supplémentaire correspondant à la profondeur à atteindre. Ces quatre à cinq mètres supplémentaires compenseront les fluctuations liées à la houle ou au courant. Ne laissez pas votre bouée traîner 30 m derrière vous.

- Si vous prospectez en effectuant des coulées successives tout en avançant, vous pouvez glisser le plomb sous votre ceinture, pour avoir ainsi les mains libres.

◆ Lorsque vous vous trouvez sur une zone de pierres à prospecter, ancrez la planche dessus. S'il y a du courant, posez le plomb (ou un petit grapin) quelques mètres en amont, de manière à ce que vous puissiez vous préparer en vous accrochant à la bouée/planche, puis descendre droit sur les pierres.

◆ Si vous chassez à l'agachon, c'est-à-dire à l'affût, le poisson peut avoir peur de la corde de la bouée. Veillez à l'ancrer toujours un peu en retrait du poste que vous comptez occuper au fond. Vous pouvez également remplacer les dix premiers mètres de corde par du nylon de pêche de 2 mm de diamètre, plus discret car quasiment invisible.

Dès lors, la chasse sous-marine est affaire d'observation et de techniques...

BONNE DISPOSITION DES ACCESSOIRES SUR LA PLANCHE :

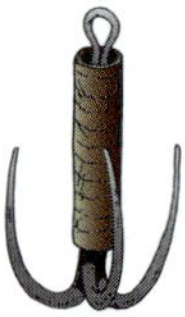

Grappin artisanal

Grappin inox

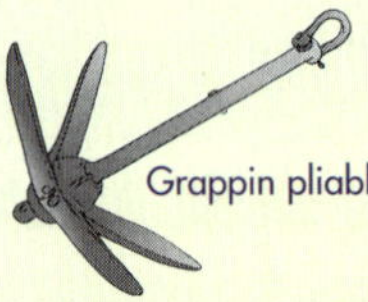

Grappin pliable

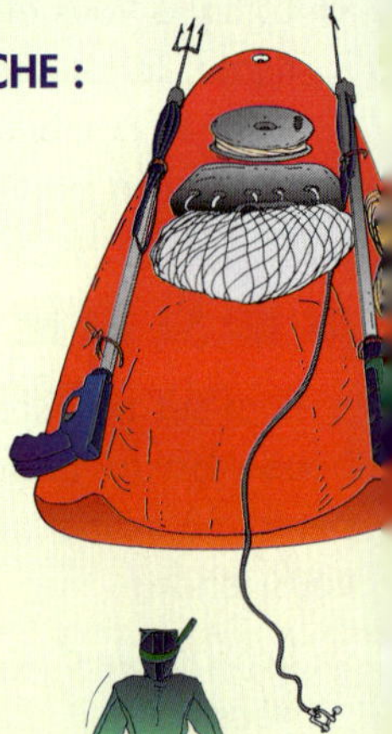

3 FAÇONS D'AVANCER AVEC LA PLANCHE :

En s'appuyant dessus

En la poussant

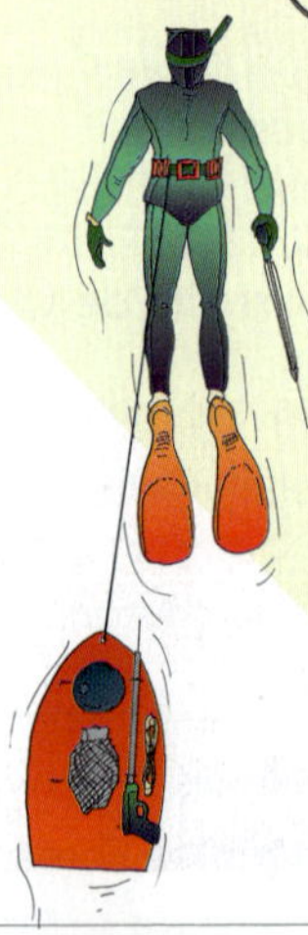

En la ti

L'arbalète est une arme

L'arbalète (et le fusil pneumatique) est une véritable arme. Et si elle peut transpercer un poisson, elle en ferait autant d'un homme... Maniez-la en respectant certaines règles :

- Ne chargez jamais une arbalète hors de l'eau, ne la gardez jamais chargée sur la bouée ou la planche.
- Ne pointez jamais l'arbalète vers votre coéquipier ou vers quiconque, même déchargée.
- Déchargez toujours votre arme en décrochant les sandows, et non en tirant à vide. Si votre retour au bord passe par une zone de baignade, n'attendez pas le dernier moment pour désarmer l'arbalète.
- Vérifiez souvent l'état des sandows, des obus, et des deux encoches de la flèche.

Le rôle multiple de la bouée

Accessoire indispensable lorsqu'on chasse à la palme, la bouée et la planche de chasse ont de multiples fonctions :

- Elles signalent votre présence aux plaisanciers et aux pêcheurs professionnels et à toutes les embarcations. Un fanion de plongeur et les autres usagers de la mer sont (a priori) renseignés sur votre présence et vos activités.
- Une fois ancrées, elles permettent de baliser un coin.
- Elles peuvent accueillir du matériel de rechange (une ou deux arbalètes en particulier).
- Elles sont le support de l'accroche-poissons.

- Elles ne demandent qu'à vous rendre service, en recevant une gourde de boisson légèrement sucrée, source indispensable de calories lorsqu'on chasse un certain temps, un peu de nourriture (des barres de céréales par exemple), une plaquette sur laquelle vous notez les alignements pour retrouver les bons coins, un plomb supplémentaire.
- Enfin, la planche sert de "moyen de transport", car le chasseur peut s'allonger en partie dessus pour palmer, ce qui améliore considérablement l'hydrodynamisme.

7

LES TECHNIQUES DE CHASSE SOUS-MARINE

Vous commencez à vous sentir bien dans l'eau, vous êtes capable de rester plusieurs heures en mer même si les conditions ne sont pas excellentes. Vous avez déjà surpris quelques beaux poissons, décoché quelques flèches, et même attrapé vos premières prises.

Vous savez maintenant qu'il ne suffit pas de descendre au fond de l'eau pour tromper des poissons, qui sont maîtres dans leur milieu. Il est temps d'apprendre à observer puis d'acquérir les techniques de base de la chasse sous-marine (l'agachon, la coulée, la chasse à trou) et leurs variantes.

L'OBSERVATION DU MILIEU

Le sens de l'observation s'apprend et cet apprentissage est d'autant plus rapide que vous êtes attentif à ce qui se passe sous l'eau. Et si, en plus, vous pouvez profiter de l'expérience d'un chasseur qui a du "métier", alors vos progrès seront rapides.

Un agachon d'observation est utile lors d'une première plongée sur un site.

Une phase essentielle : l'observation du milieu et la recherche du poisson.

◆ Consacrez du temps à l'observation et à la recherche. Mettez-vous à l'eau sans fusil et nagez avec palmes, masque et tuba. Vous constaterez que les poissons se laissent approcher beaucoup plus facilement.

◆ La meilleure technique d'observation est sans doute l'affût, ou agachon. Une fois au fond, repérez un rocher, une dépression du sol, une faille, pour vous cacher au maximum. Le poisson, qui a généralement perçu votre descente, va être intrigué par votre disparition, et s'approcher. Vous bénéficiez alors d'un spectacle aux premières loges.

Le carnet du chasseur

L'expérience est un atout primordial du chasseur mais la mémoire n'étant pas infinie, utilisez un carnet pour noter à chaque sortie toutes les informations utiles.

Commencez par discuter avec votre équipier pour comprendre les raisons d'une partie de chasse réussie ou ratée. Notez ensuite les points suivants :

- La date de la sortie.
- La zone de pêche et éventuellement les amers d'un coin.
- Les conditions météorologiques.
- Les conditions de mer (marée, courants, état de la mer).
- La température et la clarté de l'eau.
- Les espèces rencontrées.
- Le comportement du poisson.
- Les prises (espèces, nombre, tailles).

L'AGACHON : un affût sous-marin

L'agachon est la technique qui consiste à profiter des accidents du relief pour effectuer un affût au fond. Il permet au chasseur débutant, qui maîtrise l'apnée, de commencer à voir de beaux poissons, car même mal effectué, il a toutes les chances d'éveiller la curiosité du poisson. Un bon agachon exige une sorte de "fusion" avec le milieu ; aucune gêne physique ou psychique ne doit entraver cette attente calme où la vue et l'ouïe jouent un grand rôle.

Le matériel

L'agachon ne demande pas un matériel très spécifique, seulement une adaptation en fonction des conditions.

- Lorsque l'eau est claire, il faut disposer d'une arbalète longue, d'au moins 90 cm, voire 1 m, qui procure une bonne portée de tir. Cependant, il faut garder à l'esprit que plus celle-ci est longue, et plus le poisson se tient à distance. Ainsi, si on est très bien caché, sous une grande pierre plate par exemple, une arbalète de 75 cm sera plus discrète, et un denti pourra s'approcher presque à bout portant.
- Pour faire face à de belles prises, toujours combatives, un moulinet, placé sous le tube de l'arbalète, est utile.
- La discrétion dans les coloris de l'équipement doit être de mise. Il existe d'ailleurs des combinaisons dites mimétiques, dont les motifs "camouflés" peuvent avoir un certain intérêt.

- Les plombs de cheville, très utiles quand on n'a pas l'intention de palmer longtemps, assurent un meilleur maintien des palmes au fond.

- Apprenez à saisir d'un coup d'œil les signes de la présence d'un poisson, notamment dans un trou. La présence des petits poissons trahit souvent celle des plus gros, généralement cachés ou un peu à distance. Les chasseurs résument cette situation par cette formule : "il y a de la vie". Cela peut être très localisé, et en sachant reconnaître ces signes, vous serez plus efficace dans votre recherche du poisson.

LE SCÉNARIO D'UN AGACHON IDÉAL

1 - SE PRÉPARER

Dans l'eau claire, repérez un poste qui vous semble bon, soit du fait de la présence de poisson et de la topographie du fond, soit parce que c'est un poste déjà connu. Préparez-vous légèrement à distance, en vous relaxant bien car une apnée longue sera plus fructueuse.

La préparation en surface doit être décontractée.

2 - DESCENDRE

Une fois prêt, effectuez un canard discret, descendez à la verticale, assez rapidement, sans vous diriger vers le poisson, mais en gardant un œil sur lui. En approchant du fond, vous pouvez commencer à avancer horizontalement vers le poste choisi.

■ 3 - SE CALER AU FOND

Cessez de palmer à l'approche du fond et posez-vous avec une extrême délicatesse, en évitant de soulever un nuage de vase ou de cogner contre les rochers. Plaquez-vous en veillant à ne pas laisser dépasser vos palmes. Imaginez-vous en train de vous observer en vous posant cette question : "Suis-je bien caché ?". S'il y a de la houle, aidez-vous de vos épaules, de vos coudes et de vos genoux pour rester bien calé contre les roches, mais sans vous crisper. Trouvez un point d'appui proche de votre centre de gravité.

■ 4 - TIRER

Vous devez garder votre bras tenant l'arbalète légèrement fléchi devant vous, de manière à ce que la flèche soit dans l'axe de votre regard. Ainsi, si le poisson est hésitant, vous pouvez vous plaquer encore plus et reculer le corps tout en tendant le bras. Le poisson, intrigué par ce recul, va sans doute s'approcher, et comme la position de l'arbalète n'a pas changé, la proie va se retrouver à portée de tir.

Si vous devez bouger la tête, faites-le très doucement. De même, si le poisson passe sur le côté, vous pouvez orienter votre arbalète vers lui en tournant lentement le poignet.

Lorsque le poisson est à portée de tir, conservez votre regard dans l'axe de l'arbalète. Si votre cible passe de profil, le tir est plus facile. S'il vous fonce droit dessus, deux possibilités se présentent :

- vous vous sentez à l'aise, et vous tentez le tir de face,
- vous attendez que le poisson se tourne, mais cela signifie souvent qu'il vous a repéré, avec le risque d'une volte-face fulgurante.

5 - REMONTER EN SURFACE

Si le poisson est resté hors de portée, vous devez battre en retraite en silence, en suivant le chemin inverse de l'aller. Si votre prise est au bout de la flèche, efforcez-vous également de remonter discrètement, afin de ne pas "gâcher" le poste pour l'agachon suivant.

CINQ OCCASIONS POUR UN AGACHON

L'agachon peut être pratiqué efficacement dans plusieurs situations. En voici cinq typiques :

- Lorsque vous arrivez sur la zone de chasse, si vous n'avez pas décelé la présence du poisson depuis la surface, un agachon permet d'évaluer la présence de poissons en pleine eau dans le secteur mais aussi de repérer d'éventuelles pierres vers lesquelles ils se dirigent.
- Lorsque vous avez vu une pierre abritant plusieurs poissons (loups, sars, mulets, daurades), une série d'agachons devant la pierre permet de capturer les éventuels fuyards et les poissons tournant à l'extérieur de la rague, avant d'entamer la phase de chasse à trou.

- Lorsque la mer est mauvaise et l'eau trouble, l'agachon est pratiquement la seule technique applicable. De plus, elle est souvent redoutable car le poisson, moins méfiant, repère le chasseur plus difficilement.
- Par beau temps et dans l'eau claire, vous pourrez effectuer des agachons si vous avez repéré du poisson susceptible d'être capturé par cette technique (loups, mulets,...), ou si vous savez que vous êtes sur un coin réputé pour en abriter (sec, îlot, pointe).
- Enfin, un cas très particulier. En hiver, autour des îles de Marseille, comme dans d'autres régions, les loups se rassemblent en "compagnes" pour frayer, et ils accomplissent des trajets réguliers. Sur ces passages, il existe des postes plus ou moins célèbres, sur lesquels les chasseurs locaux patientent des heures entières, espérant le passage des loups. L'agachon est alors la technique la plus pratiquée.

LA COULÉE : un vol au-dessus du fond

La technique de la coulée consiste à se laisser glisser silencieusement entre deux eaux, sans palmer. Une approche fine, subtile et pourtant très simple en apparence. Mais essayez de descendre sur un banc de sars et d'en tirer un et vous comprendrez que cette technique, adoptée instinctivement par le débutant, n'est pas aussi facile qu'on le croit. Une masse importante coulant vers le poisson est rapidement repérée par celui-ci, qui l'assimile à un danger potentiel. Dès lors, il va veiller, s'il ne s'enfuit pas, à garder une distance de sécurité entre le chasseur et lui, distance qui lui laisse le temps de réagir en cas de manifestation agressive de la part de l'intrus.

Tout l'art de la coulée consiste donc à éveiller le moins possible la méfiance du poisson (qui sait que vous êtes là) et à diminuer à son insu cette distance de sécurité. Cela demande une bonne maîtrise des mouvements de son corps sous l'eau, et une parfaite connaissance du comportement des poissons, afin d'anticiper leurs réactions.

Contrairement à l'agachon, où la satisfaction provient du fait qu'on a réussi à tromper le poisson et à le faire venir jusqu'à soi, la coulée est passionnante car il s'agit de se mesurer avec le poisson à armes égales, alors qu'il sait pertinemment que vous représentez un danger, et qu'il peut s'enfuir à tout moment. Ce sentiment est accompagné de l'impression unique de voler entre deux eaux, en utilisant son corps pour accélérer, ralentir, ou virer. Tout cela dans une fluidité extrême, comme du vol libre subaquatique !

En Méditerranée, il est difficile de pouvoir tromper le poisson de la sorte dans moins de 15 m de fond, profondeur à laquelle il commence à se sentir plus en sécurité. En revanche, en Atlantique, il est possible de pêcher efficacement à la coulée dans moins de 10 m d'eau, et vieilles, mulets, lieus ou bars sont au rendez-vous.

La coulée étape par étape

Voici les étapes importantes d'une coulée bien réalisée :

- Préparez-vous bien, ce n'est pas un type de chasse qui demande du rythme et du tonus, et il vaut mieux être bien relaxé afin d'être plus "aquatique". Votre lestage doit être minimal, pour ne pas être attiré comme une pierre vers le fond.
- Efficace et discret, le canard est primordial car vous êtes peu lesté, il permet de gagner de précieux mètres et de réduire votre effort.
- Commencez les premiers mètres de la descente en tenant l'arbalète le long du corps, pointe en bas, en palmant avec un mouvement ample.
- Dès que vous sentez que votre flottabilité devient négative, laissez-vous couler en spirale pour repérer d'éventuels poissons dans votre champ d'action. Utilisez vos palmes et l'écartement de vos jambes pour moduler votre vitesse et modifier votre orientation.
- Lorsque vous repérez un poisson, déviez votre trajectoire de façon à croiser la sienne. Le comportement du poisson varie selon l'espèce. Un sar ne réagit pas de la même façon qu'un mulet ou qu'un labre. Ce comportement dépend aussi de la profondeur et il est évident que plus le poisson est profond, plus il se sent en sécurité et se laisse approcher. Il dépend enfin de la position : un poisson sur lequel vous coulez alors qu'il est de dos ou de profil se trouve en position idéale pour prendre la

fuite. De dos, il effectue de brefs écarts à droite et à gauche, afin de mieux capter vos mouvements, grâce à sa vue et surtout sa ligne latérale. En revanche, lorsqu'il se présente de face, il lui est plus difficile de vous "intégrer" dans son champ de vision, si bien qu'il va souvent s'approcher avant de comprendre le danger. C'est durant cette période qu'il faut en profiter pour arriver à portée de tir, sans pour autant avoir de réactions brusques.

- Commencez à porter votre arbalète devant vous, tout en gardant votre bras plié.
- Si le poisson commence à fuir, accélérez sensiblement grâce à quelques mouvements de palmes, en anticipant sur la trajectoire du poisson.
- Enfin, au moment voulu, détendez-vous brusquement, tout en allongeant le bras tenant l'arbalète, afin de gagner quelques précieux centimètres, et lâchez votre tir.

Pour être efficace, cette technique doit être répétée encore et encore, pour acquérir un niveau de fluidité et d'aquaticité suffisant. Et plus vous serez à l'aise profond, et plus vous prendrez du poisson. Dans ces conditions, une règle d'or à la remontée : pas d'effort inutile pour ramener le poisson, utilisez le moulinet pour terminer tranquillement votre ascension et, une fois en surface, remontez votre prise à votre rythme.

Pour gagner du temps, tirez sur le fil à la main jusqu'à ce que le poisson soit en surface, puis rembobinez-le une fois votre prise récupérée.

La chasse à la coulée est une technique très fine, qui nécessite des heures de pratique pour donner un rendement intéressant. Elle requiert des qualités de tireur émérite, car le poisson est souvent abordé de dessus, de derrière ou encore de face, et le tir se fait la plupart du temps de loin.

Mais sa finalité n'est pas systématiquement de tirer le poisson en pleine eau ; en effet, une coulée bien faite peut se terminer par un agachon, ou par le tir d'un poisson que l'on a vu se réfugier à trou. **En chasse sous-marine, rien n'est figé, le chasseur s'adapte à chaque situation**.

LA CHASSE À TROU : des gestes ultra-techniques

Technique fondamentale, la chasse à trou fait appel à un instinct affûté de la recherche du poisson, le fameux "sens de la pierre" qui permet au bon chasseur de distinguer une pierre qui peut abriter un poisson d'une autre, ainsi qu'à la maîtrise de gestes précis réalisés parfois dans des postures acrobatiques !

LE RAGUEUR

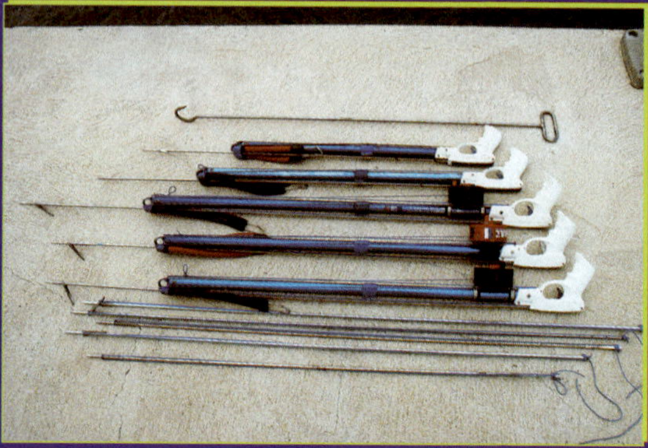

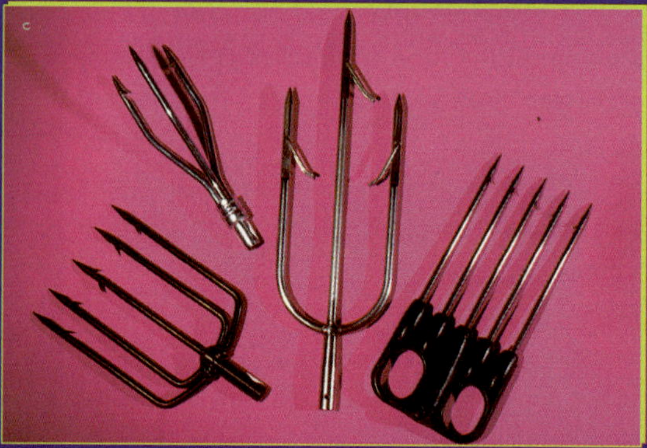

L'élément typique de la chasse à trou est le "ragueur", autrement dit une arbalète de petite dimension dont l'encombrement réduit permet d'aborder des trous étroits. En Atlantique, une arbalète de 75 cm est tout à fait adaptée à une chasse à trou moins "pointue" qu'en Méditerranée, où il est parfois nécessaire de faire appel à des ragueurs de 50, voire même de 40 cm.

L'usage d'un petit fusil pneumatique est une solution intéressante, car cette arme allie la puissance de l'air comprimé à la taille réduite d'un ragueur.

Il existe des pointes de flèches adaptées à la chasse à trou : les "cinq dents" qui permettent d'assurer une prise et de l'immobiliser. Ainsi, non seulement le poisson risque moins de s'échapper, mais en plus, il perturbe moins ses éventuels congénères présents sous la même pierre.

Le grand trident possède les mêmes avantages, mais son utilisation est plus adaptée en Atlantique, car il est plutôt destiné à la capture de plus gros poissons (jusqu'à 3-4 kg). Dernier avantage de ces pointes par rapport à la classique tahitienne : elles ne se coincent pratiquement jamais au fond d'un trou.

Le "sens de la pierre"

À première vue, la chasse à trou peut sembler répétitive et ennuyeuse. Visiter un champ d'une centaine de pierres pour trouver un ou deux poissons n'est pas très intéressant. En fait, toutes les pierres n'offrent pas un abri sûr pour le poisson. Avec la pratique, le bon chasseur à trou sait quelles sont les dix pierres susceptibles d'en héberger, sur la centaine de "cailloux" du coin. C'est ce qu'on appelle le "sens de la pierre".

Si certains le possèdent d'emblée, de manière quasi-instinctive, il est également possible de le développer. Pour cela, il faut être d'un naturel curieux, prendre plaisir à observer, et disposer d'une bonne mémoire visuelle pour ensuite reconnaître les types de pierres intéressants. Mais surtout, il faut faire l'effort de chasser régulièrement à trou. Il vous faut "manger des pierres", sans vous décourager, jusqu'à ce que vous preniez régulièrement du poisson. Dans ce cas aussi, bénéficier de l'exemple d'un chasseur confirmé est très profitable.

Des trucs pour reconnaître une bonne pierre

- Faites "le tri" depuis la surface. Les pierres trop ventilées, trop ouvertes, ou au contraire trop lisses et enfoncées dans le sol, ou encore trop petites, peuvent être éliminées d'emblée.
- Si la profondeur est importante, vous pouvez effectuer des demi-coulées, et réaliser cette sélection des pierres entre deux eaux.
- Sachez reconnaître les signes de la présence de poissons à trou : existence d'une "vie" importante autour de certaines pierres, petits sars se réfugiant tous dans un même trou, etc.
- Si certains poissons de pleine eau comme les mulets, les loups ou les saupes, s'abritent parfois à trou, ils ne recherchent souvent qu'un abri très provisoire et occasionnel, sous des grandes pierres où ils peuvent circuler à leur aise. Cependant, celles-ci ne peuvent être considérées comme de bonnes pierres, car elles n'abriteront jamais des poissons de roche tels que sars, corbs ou mostelles, qui préfèrent des anfractuosités étroites et des trous sombres, sous des pierres apparemment anodines.

→ Lorsque vous avez décelé la présence d'un poisson sous une pierre, la première chose à faire est de repérer la configuration de celle-ci, et d'en bloquer les autres issues en posant des arbalètes devant. Cette présence anormale suffit pour dissuader le poisson de sortir de son abri.

→ Il faut ensuite bien vous préparer en surface, surtout mentalement, car les gestes aboutissant au tir doivent s'enchaîner automatiquement.

→ Si la pierre repérée retient plusieurs poissons, balisez-la, surtout si les conditions (courant, eau sale, profondeur) sont difficiles. Utilisez votre planche ou votre bouée, ancrée de manière à ce qu'elle se retrouve à l'aplomb de la pierre.

→ Une fois prêt, effectuez votre canard silencieusement, et dirigez-vous vers le côté de la pierre : commencez par effectuer un court affût devant la pierre, afin de tirer le ou les éventuels indécis qui se trouveraient à l'entrée du trou.

→ Vous pouvez ensuite aborder le trou lui-même. Coulez à l'aplomb de la pierre, et laissez-vous glisser sans palmer jusqu'à elle, afin de ne pas arriver trop vite.

<u>Sans</u> courant.

En chasse à trou, le courant impose de baliser la pierre différemment.

<u>Avec</u> courant.

- Aidez-vous de votre main libre pour prendre contact en douceur avec la roche. Utilisez-la comme un pivot pour vous retrouver la tête en bas, face à l'entrée du trou. Vous devez vous habituer à cette position peu naturelle mais incontournable pour aborder la plupart des pierres discrètement. Servez-vous de vos palmes comme de balanciers pour vous maintenir en équilibre.
- Cette approche ne s'applique pas de façon universelle. Il est parfois nécessaire de se mettre à plat ventre sur le fond, ou encore allongé sur le côté. L'important est de trouver la position la plus efficace pour, à la fois, voir le poisson très vite et le tirer.
- Il est important d'aborder le trou avec l'arbalète en retrait, la pointe de la flèche au même niveau que les yeux, pour ne pas effrayer le poisson avant même de l'avoir vu.
- Pour arriver à distinguer le poisson dans la pénombre, il existe plusieurs trucs, comme garder les yeux mi-clos durant l'approche afin qu'ils s'adaptent plus vite à l'obscurité, ou modifier la position de sa tête pour laisser rentrer au maximum la lumière. Le plus important est d'apprendre à déceler le moindre indice trahissant la présence du poisson : une nageoire qui tressaille, l'éclat d'une écaille, le barbillon d'une mostelle, etc.

- La phase du tir est souvent difficile, la visée consistant simplement à estimer la trajectoire de la flèche. Il faut donc beaucoup de pratique pour acquérir une certaine efficacité dans ce genre d'exercice. D'autant plus qu'il arrive fréquemment de devoir appuyer sur la détente avec le pouce, les autres doigts se trouvant derrière la crosse.

- Une fois le poisson tiré, ne perdez pas de temps, enchaînez les gestes sans laisser l'occasion au poisson fléché de se débattre. Sortez votre arbalète de la pierre, glissez votre main le long du fil jusqu'à la flèche, puis jusqu'au poisson. Tournez légèrement la flèche sur son axe, afin de vous assurer que l'ardillon s'est bien redressé, et plaquez votre prise contre ce même ardillon, afin qu'il ne risque pas de se rabattre. Si le poisson est de belle taille et se débat, plaquez-le contre votre torse à la remontée.

- L'usage du trident ou du "cinq dents" peut s'avérer utile à trou car il permet de paralyser le poisson lors de l'impact. Du coup, les autres poissons sous la pierre sont moins effrayés.

- Avec une flèche tahitienne, appliquez-vous à ne pas tirer en direction d'une paroi rocheuse, d'une faille ou entre deux pierres posées l'une contre l'autre, car vous risquez d'émousser la pointe de la flèche, et surtout de la coincer. On dit alors que la flèche est enraguée, et il faut alors la déloger. Pas toujours facile ! Essayez de la faire bouger par des mouvements latéraux ou de rotation sur elle-même. Si vous manquez de prise, réenclenchez la flèche sur la crosse de l'arbalète, en veillant à ne pas trop forcer car la résistance du mécanisme n'est pas infinie. Il existe également dans le commerce des petits outils conçus pour décoincer les flèches enraguées.

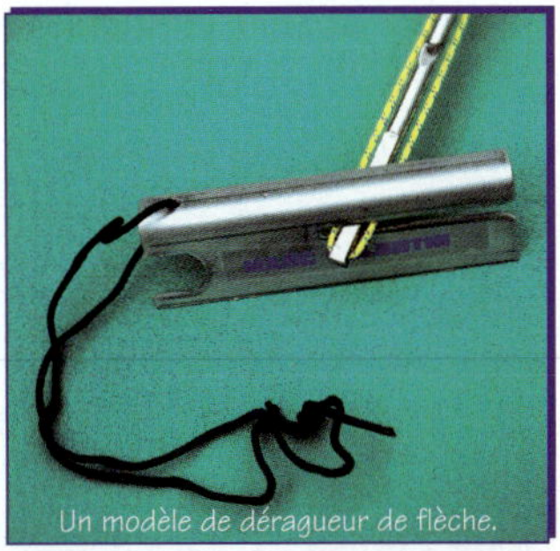

Un modèle de déragueur de flèche.

COMMENT MARIER LES TECHNIQUES

À partir de l'agachon, de la coulée, de la chasse à trou, trois techniques fondamentales, il est possible d'improviser une multitude de combinaisons en fonction du comportement du poisson et des conditions. Avec l'expérience, vous saurez quelle technique adopter dans tel ou tel cas. Parfois, quelques modifications mineures dans le déroulement classique des gestes peuvent s'avérer redoutablement efficaces. En voici quelques exemples.

- Comme nous l'avons déjà vu, une coulée peut se poursuivre par un agachon ou la visite d'un trou.
- Lors d'un agachon, si vous choisissez un poste entre des blocs, profitez-en pour jeter un œil dans les trous qui vous entourent avant de vous caler au fond.
- Pensez à regarder autour de vous avant de sortir la tête d'un trou. Il n'est pas rare en effet que des poissons, loups, vieilles ou dentis, soient intrigués par vos "manœuvres", et viennent tourner autour de vous. Un court agachon peut suffire à en "épingler" un.
- Lors d'une coulée, si vous avez la chance d'apercevoir une liche ou un banc de bonites, reprenez une position horizontale entre deux eaux, et laissez-vous couler en feuille morte, bras et jambes légèrement écartés. Les poissons pélagiques sont souvent curieux et attirés par la présence d'un corps planant ainsi. Ce type d'agachon de pleine eau est une technique très efficace pour les capturer.
- Lorsque la mer est mauvaise et que vous effectuez des agachons, il est parfois intéressant de rompre l'immobilité inhérente à cette technique, et de se déplacer silencieusement au fond. Sars, daurades, mulets et saupes sont souvent occupés à se nourrir au bord, dans une eau agitée, et sont moins méfiants que dans une eau calme et claire. Les surprendre alors qu'ils ne font pas attention à vous grâce à cette technique de chasse "à l'indienne" peut s'avérer ainsi très efficace.

De multiples autres variantes et combinaisons sont possibles ; ce sont-elles qui assurent le succès d'une partie de chasse ou d'une compétition. Savoir improviser, utiliser des gestes techniques pour les marier en fonction du poisson rencontré, de l'état de la mer, de l'époque de l'année, de la zone choisie, c'est ce que sait faire un grand champion de chasse sous-marine.

8

LES PRINCIPALES ESPÈCES DE POISSONS

Le débutant a parfois du mal à reconnaître un loup d'un muge quand des écailles brillantes se glissent dans l'eau sale, en limite de visibilité. Comme il a du mal à savoir à l'avance si les sars vus la veille seront encore là aujourd'hui alors qu'une petite houle s'est levée. Ces connaissances lui sont pourtant indispensables. Chaque espèce a ses habitudes, ses caractéristiques. Suivez le guide dans le monde extraordinaire des poissons de nos côtes.

LES POISSONS DE PLEINE EAU

C'est sans doute la catégorie de poissons qui suscite le plus d'admiration et d'intérêt de la part du chasseur sous-marin, sans doute parce que leur évolution dans leur milieu se fait de manière libre, fluide et majestueuse, et que leur capture est la récompense d'une approche toute en finesse et en ruses.

Les sars : la bande des quatre

Omniprésents sur une grande partie de notre littoral, le sar commun et ses trois cousins sont les proies les plus fréquentes du chasseur sous-marin français, de Menton jusqu'à Brest. Excellent sur la table, le sar est aussi un poisson extrêmement intelligent, et donc un adversaire de choix.

Le **sar commun** est un poisson de taille moyenne, atteignant 1,5 kg en Méditerranée, et près de 2,5 kg en Atlantique. Cette différence de taille s'expliquerait non seulement par une alimentation différente, mais aussi, peut-être, par l'existence de sous-espèces. Presqu'aussi haut que long, le sar se reconnaît à ses bandes verticales sombres striant des flancs argentés, à sa tête massive et ses lèvres épaisses recouvrant des incisives lui servant à décrocher les coquillages des rochers, et à son anneau noir au niveau du pédoncule caudal.

Relativement omnivore, il se nourrit avant tout de coquillages, mais ne dédaigne pas les vers marins ou les crustacés tels que crabes et crevettes. Toujours à la recherche de nourriture, le sar se déplace fréquemment en fonction des conditions climatiques. Très proche du bord quand la mer bouge ou la veille d'un coup de Mistral, il évolue fréquemment dans des fonds plus importants lorsque l'eau est claire et chaude. En règle générale, en Atlantique, ce poisson grégaire suit la marée pour s'alimenter, et il n'est pas rare de le rencontrer au-dessus des têtes de roche recouvertes de moules à marée haute.

Comme nous le verrons plus loin, le sar peut se chasser à trou, car il y trouve souvent abri, mais on peut en capturer en pleine eau, en pratiquant, selon le cas, l'agachon, la coulée, ou la chasse à l'indienne.

- Très proche cousin, le **sar à tête noire,** ou **vérade** ou encore **vidriade**, se différencie par une allure générale plus frêle, une seconde bande sombre venant barrer sa tête juste derrière l'œil, à la place des stries verticales du sar commun. Son museau est coloré de bleu. Sa répartition géographique se limite à la Méditerranée. Ses habitudes sont proches de celles du sar commun, dont il partage l'instinct grégaire et l'alimentation. En revanche, il se rencontre très rarement à trou, et lorsqu'il s'y abrite, c'est généralement sous des pierres bien ajourées et pour de brèves périodes.

- Le **sar pointu** ou **becofino** peut atteindre 3 kg. Il ressemble beaucoup au sar commun, mis à part une allure plus élancée, et une tête plus fine teintée de bleu. Il se rencontre en Méditerranée et en Sud-Atlantique, toujours en pleine eau. Son régime est plus axé sur les algues, ce qui le rapproche du mulet ou de la saupe. Il se prend surtout à l'agachon, et parfois à la coulée.

- Le **sar tambour** est le plus gros des cousins du sar, avec lequel il est difficile de le confondre à cause des larges bandes brun sombre qui le rayent verticalement. Son allure générale est proche, bien qu'il dispose de grosses lèvres charnues, et que sa taille soit plus imposante (il peut atteindre 4 kg). On le trouve en bas de tombants sur la côte méditerranéenne, à des profondeurs relativement importantes, et jusque sur la Côte Basque. Bien qu'il se mette parfois à trou, et plutôt dans de larges cavités, c'est à l'agachon et à la coulée qu'il se chasse surtout.

La saupe : la reine du cache-cache

Avec sa belle robe argentée interrompue par des raies longitudinales dorées, son corps fuselé bien que massif, et son évolution en bancs serrés, la saupe est un poisson très commun sur nos côtes, en Méditerranée mais aussi en Sud-Atlantique, où sa taille est nettement plus imposante, puisqu'elle peut accuser 2 à 3 kg sur la balance.

La saupe est un paisible poisson herbivore, qui trouve sa défense dans le regroupement en grands bancs, se déplaçant dans une même direction. La saupe se nourrit de petites algues présentes dans des fonds entre 0 et 30 m, notamment dans les grands champs de posidonies.

De qualité culinaire médiocre (quoique certains apprécient la chair des gros spécimens), la saupe se chasse souvent de la même façon que le mulet. Comme lui, et comme les sars et les loups, elle évolue très près du bord, dans l'écume, lorsque la mer bouge un peu. Il est alors possible d'en surprendre en se faufilant, "à l'indienne", au fond, en utilisant le moindre abri pour se dissimuler. À l'agachon classique, la saupe est moins facile à attirer que le mulet, et il faut s'appliquer et prolonger ses apnées, pour qu'elle daigne s'approcher.

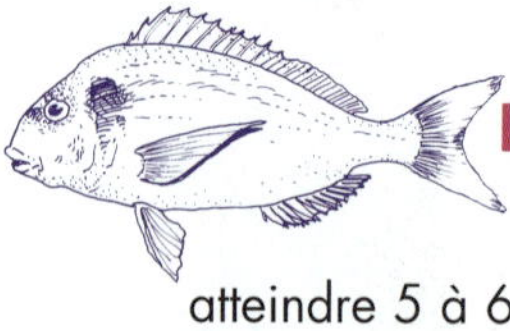

La daurade : une rencontre royale

Tout le monde connaît ce poisson majestueux, qui peut atteindre 5 à 6 kg. Il n'empêche que le nom de daurade est parfois utilisé, à tort, pour nommer le sar, le pageot ou le pagre, qui sont également des sparidés. Or il n'existe qu'une daurade royale, facilement reconnaissable à son corps argenté fuselé, à son front bombé, à sa tache sombre ombrée de rose sur l'opercule, à sa queue décorée d'un liseré sombre et surtout à son anneau doré joignant les deux yeux.

Grand consommateur de moules et autres bivalves, ce poisson est doté d'une gueule adaptée à son alimentation : grosses lèvres charnues, incisives acérées et molaires puissantes pour arracher et broyer les coquillages. Les jeunes daurades, appelées "blanquettes", passent une partie de leur vie dans les étangs d'eau saumâtre de notre littoral, notamment les étangs de Leucate, de Thau et de Berre. Elles se déplacent alors en bancs, tandis que les plus grosses ont tendance à devenir solitaires.

On en rencontre sur tout le littoral méditerranéen, ainsi qu'en Atlantique jusqu'au Sud de la Bretagne, partout où elles peuvent trouver des concentrations de moules. Si elles désertent quelque peu nos côtes durant la saison froide, elles redeviennent plus fréquentes à partir d'avril-mai, et ce jusqu'en octobre-novembre.

Extrêmement méfiante, la daurade se mérite. Bien que sa rencontre soit généralement occasionnelle, et qu'on ne puisse parler d'une chasse axée spécifiquement sur la capture de ce poisson, il est possible d'augmenter les probabilités d'en voir en choisissant des zones qu'elle fréquente préférentiellement : estuaires, côtes rocheuses recouvertes de moules, ...

Elle s'approche du bord lorsque la mer est agitée, pour venir se nourrir d'invertébrés arrachés des rochers, et il est alors plus facile de l'approcher par surprise.

En revanche, lorsque la mer est calme et que l'eau est claire, réussir à tromper une daurade à l'agachon tient de l'exploit ! La plupart du temps, elle reste à distance, hors de portée, sans pour autant s'enfuir. À trou, il est rare de rencontrer des daurades, sauf si elles ont été apeurées par un filet ou un bateau. Dans ce cas, elles se calent sous la moindre pierre et deviennent très vulnérables. Dans certains coins, il existe de véritables pierres à daurades, qui sont connues pour en abriter régulièrement, lorsque des conditions bien précises sont réunies.

Le denti : au bout d'un agachon parfait

Autre membre de la famille des sparidés, le denti est un superbe carnassier qui peut dépasser 12 kg. Sa robe irisée de rose et d'argent, parsemée de points bleus, son front bombé et ses canines pointues lui donnent un air agressif lorsqu'il approche de face.

On le rencontre parfois non loin du bord, au détour d'une pointe rocheuse (en particulier très tôt le matin quand tout est encore calme), mais son terrain de chasse de prédilection se trouve sur les secs au large, où il fait des tailles franches au milieu des bancs de poissons-fourrage. On commence à en rencontrer en mai, période où il est plus facile à approcher, et il est présent, bien que plus méfiant, jusqu'en octobre, où il reprend sa migration vers des eaux plus chaudes.

Fréquent sur nos côtes de la Côte d'Azur jusqu'à l'Espagne, et parfois rencontré au Pays Basque, le denti est sans doute le poisson le plus recherché des passionnés de chasse à l'agachon car ils trouvent en lui un adversaire à leur mesure. Car s'il est possible d'en tirer un de temps à autre à la coulée, ou simplement posé sur le fond dans les posidonies, la technique la plus efficace pour en prendre régulièrement est sans conteste l'agachon, pratiqué en tout début et en fin de journée. Encore faut-il maîtriser parfaitement cette technique, et disposer d'une bonne apnée, pour prétendre à le tromper.

D'autres sparidés

Moins fréquents que le sar ou la daurade, d'autres membres de cette famille peuvent se rencontrer au cours d'une sortie de chasse.

- Le **pagre** est proche du denti mais ses habitudes sont moins prédatrices. Son corps, à la livrée rosée, est plus massif.
- Le **pageot** ressemble beaucoup au pagre par sa robe, mais il est plus petit et les extrémités de sa queue sont ornées d'une tache blanche.
- La **dorade grise**, contrairement aux deux précédents sparidés qui sont méditerranéens, fréquente les côtes atlantiques. Comme le sar, dont elle a la forme, la dorade grise se rencontre au sommet des têtes de roche où elle se nourrit de coquillages. Elle possède une plus petite tête que le sar et se pare d'une robe gris sombre presque uniforme. Très méfiante, elle ne vient qu'une fois à l'agachon, avant de disparaître. Une chasse très fine !

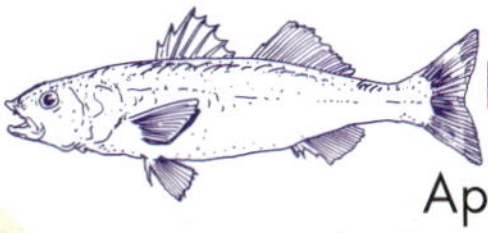

Le loup ou bar : toutes les convoitises

Appelé loup en Méditerranée, loubine en Sud-Atlantique ou encore bar plus au Nord (Bretagne et Manche), ce fabuleux poisson fait l'objet de toutes les convoitises.

Espèce sportive par excellence, ce poisson est par ailleurs très présent sur toutes nos côtes. D'allure longiligne, de couleur gris vert avec des reflets métalliques, il se reconnaît facilement à la tâche noire qu'il porte au-dessus de l'opercule. Il peut atteindre 1 m pour une douzaine de kilos, mais un spécimen de 5 kg est déjà respectable.

Ce carnassier se nourrit essentiellement de petits poissons : sardines, sprats, athérines ou bogues. Ce qui ne l'empêche pas de varier ses menus, notamment lorsqu'il est juvénile, et de faire ventre de crevettes, crabes, et autres vers marins. Il chasse souvent en banc d'une vingtaine d'individus, mais avec l'âge, les plus gros spécimens deviennent la plupart du temps solitaires.

La majeure partie de l'année, son habitat correspond à son mode de vie de prédateur, c'est-à-dire qu'on le rencontre partout où il trouve de quoi se nourrir : estuaires (il n'hésite d'ailleurs pas à remonter les cours d'eau), côtes rocheuses, secs au large, caps, pointes, épaves, et pierres isolées sur le sable.

Le loup a une nette prédilection pour les eaux brassées et oxygénées, et se rapproche de la côte lorsque la mer est agitée. En Bretagne, on peut rencontrer de gros spécimens à marée basse, au-dessus des langues de sable entre des canyons rocheux recouverts de laminaires. Ils sont alors souvent immobiles, attendant que le flux s'amorce.

Une période particulière correspond au frai de ce poisson. En effet, dès que la température de l'eau descend, au début de l'hiver, les loups se rassemblent en mer, à des points précis, afin d'effectuer leur rituel de reproduction. C'est notamment le cas autour des îles de Marseille, en janvier-février. Réunis en "compagnes" composées d'un nombre d'individus très variable, les loups vont effectuer des parcours en boucles, plusieurs petits mâles suivant une grosse femelle. Ces parcours sont toujours les mêmes, et de nombreux postes d'affût y sont répertoriés par les chasseurs sous-marins. Il faut d'ailleurs parfois attendre son tour pour y accéder !

Le loup se chasse surtout à l'agachon. Curieux de nature, il a tendance à venir voir le chasseur qui s'est dissimulé. S'il s'approche assez facilement lorsque l'eau est trouble, le tromper devient une toute autre affaire lorsque la mer est calme et claire. Lorsqu'il chasse dans très peu d'eau, il est possible de le capturer à "l'indienne", en le surprenant dans l'écume.

On peut également le chasser à trou, sur des coins très particuliers : pierres bien ouvertes servant de frayères en hiver, cales d'épaves en Camargue ou en Normandie, digues en Languedoc ou grandes dalles dans le Sud de la Bretagne ou dans la Manche à la belle saison.

Le mulet : au bonheur des débutants

Présent dans la plupart des mers du globe, le mulet est un poisson très commun sur nos côtes, où on peut rencontrer pas moins de six espèces différentes, bien que très proches. Son corps allongé strié de bandes longitudinales sombres, sa tête courte et aplatie, ses lèvres lippues, ses deux nageoires dorsales très espacées, sont autant de caractères spécifiques.

Indifféremment appelé mulet ou muge, ce poisson fait le bonheur des chasseurs débutants, car il est omniprésent, de nature curieuse et vient facilement à l'agachon. Ce qui ne veut pas dire qu'il s'agit d'une prise de second choix, car un mulet de 3 ou 4 kg se défend vaillamment sur la flèche.

Le mulet fréquente souvent les mêmes fonds que le loup, notamment les eaux saumâtres, mais contrairement à ce carnassier, son régime se compose essentiellement de petites algues. On le croise fréquemment en train de fouiller le sable, ou sur les rochers où il "broute". De caractère grégaire, il se déplace souvent en bancs, notamment lors de la période du frai. Celle-ci a lieu à des moments différents selon les espèces de mulets, avril ou novembre. On peut alors croiser de grosses concentrations naviguant en surface.

Le mulet se chasse essentiellement à l'agachon, car sa curiosité naturelle le pousse à s'approcher du chasseur à l'affût, même si celui-ci n'est pas un spécialiste en la matière. Parfois, il est tellement occupé à se nourrir sur le fond qu'il peut vous passer à côté sans même vous remarquer ! Il est souvent utile d'user de stratagèmes pour attirer son attention, comme par exemple expulser quelques bulles du tuba. Facilement apeuré par le bruit des bateaux, il se réfugie alors à trou, surtout si le fond est constitué d'éboulis. Mais il vaut mieux alors ne pas perdre de temps et avoir des réflexes affûtés, car le mulet prend la poudre d'escampette dès que l'occasion se présente.

Le lieu jaune : du bronze en Bretagne

Autre carnassier recherché par le chasseur sous-marin, le lieu jaune est l'un des plus beaux poissons que l'on puisse capturer en Bretagne. Fréquentant toutes les côtes océaniques françaises, ce splendide poisson élancé aux reflets de bronze et d'or peut dépasser 10 kg. Mais les plus gros spécimens ne se rencontrent qu'à des profondeurs importantes, sur des remontées rocheuses très au large, et ne sont accessibles qu'aux chasseurs confirmés, qui les capturent généralement à la coulée, sur des fonds d'une trentaine de mètres, lorsque les conditions de mer et de marée le permettent.

En revanche, les plus petits lieus fréquentent les têtes de roche moins profondes ou naviguent au-dessus des forêts de laminaires, où ils chassent les bancs de petits poissons. Ils se capturent surtout à l'agachon, et parfois à la coulée.

LES POISSONS DE ROCHE

Peut-être moins spectaculaires que ceux qui évoluent en pleine eau, les poissons de roche peuvent néanmoins susciter un réel engouement. En effet, c'est un véritable plaisir de débusquer et de sortir un beau poisson à trou, de découvrir en l'extirpant de son antre sa taille et la beauté de sa robe soudain dévoilée... Revue de troupe de ces habitants de l'ombre, qui rivalisent d'habileté pour se faufiler et se camoufler...

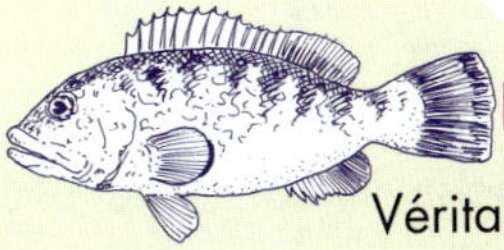

Le mérou : un symbole interdit

Véritable seigneur de la Méditerranée et figure emblématique de la chasse sous-marine, le mérou est un habitant incontournable des fonds rocheux, et même s'il est protégé en France, vous serez peut-être amené à l'identifier lors d'une sortie et à l'admirer ...

Trapu et massif, le mérou brun de Méditerranée se reconnaît aisément à sa tête imposante avec sa mâchoire puissante, la partie inférieure se prolongeant en avant de la supérieure, ses yeux globuleux, sa grande dorsale épineuse se terminant par des rayons mous. Ses larges nageoires pectorales lui permettent de se maintenir en station immobile, papillonnant dans une attitude caractéristique. Sa couleur est d'un brun chaud parsemé de taches jaune pâle, et son ventre tire également sur le jaune.

Pouvant dépasser 35 kg, le mérou est le plus gros poisson de roche que l'on puisse rencontrer en Méditerranée. Dans les pays où sa capture est autorisée, le mérou fait l'objet d'une chasse très spécifique ne laissant que peu de place au hasard, car toute erreur du chasseur peut s'avérer dangereuse, voire fatale, et on ne compte plus les accidents et syncopes résultant d'une lutte prolongée avec un mérou enragé.

Les labres : les incontournables

La famille des labridés compte de nombreux représentants dans presque toutes les mers du globe. En France, cinq espèces peuvent intéresser le chasseur.

Ces poissons ont en majorité un régime à base de coquillages, qu'ils décollent grâce à leurs lèvres épaisses et à leurs petites incisives. Ils ont souvent un abri relativement fixe sous une pierre ou dans une faille, mais ils bougent beaucoup pour se nourrir, et il arrive fréquemment qu'ils ne soient plus à l'endroit où ils avaient été initialement repérés.

- La **grande vieille** est le plus gros labre de notre littoral : elle peut atteindre 4 à 5 kg. Elle n'est présente que du côté atlantique, de Biarritz à la Mer du Nord. Son habitat préféré est constitué par des remontées rocheuses recouvertes de moulières et se terminant à la base par des éboulis entourés de forêts de laminaires. La grande vieille a un corps massif et musclé, ressemblant à celui du mérou, et sa couleur est très variable, du rouge brique moucheté de petites taches blanches, au vert marbré de brun.

Elle évolue en fonction de la marée, montant avec elle au sommet des têtes de roche pour se nourrir.

- Le **labre merle**, appelé vieille, tourde ou noire, est l'équivalent méditerranéen de la grande vieille, à laquelle il ressemble beaucoup. Il est cependant plus frêle et sa livrée, bien qu'également variable, reste dans des gammes moins chatoyantes, du vert olive marbré de brun au bleu pétrole très sombre, presque noir. Ses nageoires dorsales, anale et caudale sont ornées d'un liseré bleu clair caractéristique. Il peut atteindre 1,5 kg.
- Le **labre vert** (ou lasagne ou blavier) est un beau poisson assez élancé pouvant peser près de 2 kg. Il est de couleur brique à vert vif, constellé de petites taches claires. Son museau allongé se termine par une bouche largement fendue, qui lui permet de varier son ordinaire en chassant des petits poissons.

- La **vieille coquette** est présente sur la côte atlantique et en Manche ; sa taille est plus modeste, 400 g en moyenne, mais la livrée du mâle compense ce handicap. La belle couleur orangée de son corps est en effet mise en valeur par la teinte bleue électrique de sa tête. Ceci dit, son intérêt est surtout visuel pour le chasseur sous-marin.
- Le **crénilabre tanche**, encore appelé roucaou ou queue bleue, et dont la robe nuptiale du mâle n'a rien à envier à celle de la coquette, est endémique de la Méditerranée. Il ne dépasse que rarement 700 g. Moins large que ses cousins, son corps vert clair s'orne de bandes horizontales sombres, tandis que sa tête, au museau allongé, est peinte de jaune et de bleu. Ses nageoires bleues sont criblées de petits points roses, tout comme la partie antérieure du corps. La femelle est plus petite et moins colorée, dans les tons beiges. Dès avril-mai, le mâle construit un nid qu'il défend, et il y attire plusieurs femelles pour frayer. À cette période, il est beaucoup plus vulnérable. Son intérêt culinaire se limite à la préparation de la soupe de poissons.

La mostelle : le poisson discret

La mostelle est un habitant exclusif des trous profonds et sombres, dont elle ne sort que la nuit pour chasser. Carnassière, elle se nourrit de crustacés et de petits poissons passant à sa portée. Sa couleur brun chaud et le liseré clair ornant le bord de ses nageoires dorsale, anale et caudale, peuvent parfois faire confondre son dos avec celui d'un mérou. Toutefois, une observation plus attentive, même au fond d'un trou, permet de lever l'ambiguïté : la mostelle possède une allure tout à fait particulière, avec sa tête massive au museau effilé et à la gueule bien fendue, et son corps devenant de plus en plus fin pour se terminer avec une toute petite queue. Pour se déplacer dans l'obscurité totale, la mostelle possède un barbillon sous la bouche, et ses nageoires ventrales se sont transformées en filaments tactiles. Surtout présente en Méditerranée, la mostelle peut parfois dépasser 3 kg.

Le corb : le poisson élégant

Magnifique poisson pouvant atteindre 4 kg, le corb vit en bancs et fréquente les pierres bien trouées, en Méditerranée mais aussi sur la côte basque. Assez trapu, le dos bien rond, le corb possède deux nageoires dorsales, dont la première qu'il dresse fièrement, et une queue triangulaire bordée d'un trait sombre. Sa couleur de base est d'un bronze cuivré sombre, avec des reflets dorés et argentés. Les nageoires ventrales, anale et le bord inférieur de la queue sont ornés d'un trait blanc souligné de noir. Son régime est surtout constitué de crustacés, mais il arrive que les gros spécimens se nourrissent de petits poissons.

Très organisés dans leur vie en groupe, les corbs sont souvent repérés lors de la coulée, alors qu'ils tournent à l'entrée du trou. Mais dès que le premier d'entre eux s'aperçoit de la présence du chasseur, tous vont doucement glisser vers leur antre, avec élégance, puis disparaître en un éclair... Ils resteront ensuite introuvables, ne trahissant leur présence que par les grognements qu'ils émettent au moyen de leurs dents pharyngiennes.

Les rascasses : petites mais piquantes

D'allure plutôt inquiétante, ces poissons possèdent plusieurs épines venimeuses qui leur servent à se protéger d'éventuels agresseurs. Leur morphologie ne leur permettant pas de nager aisément, elles se sont adaptées en devenant les spécialistes de la chasse à l'affût, grâce à des dons de camouflage hors du commun. Les rascasses affectionnent les trous sombres s'ouvrant sur une petite surface leur servant de terrain de chasse. Le plus dur pour le chasseur consiste à repérer la rascasse, immobile jusqu'au dernier moment. Trois espèces principales se rencontrent sur notre littoral.

- La **grande rascasse rouge** ou **chapon** est le plus gros des représentants de la famille : elle peut dépasser 2 kg, mais sur le littoral français méditerranéen, elle atteint rarement 1,5 kg. On la reconnaît essentiellement aux lambeaux cutanés bordant sa bouche, et à la tache sombre à la fin de sa première nageoire dorsale.
- La **rascasse brune** est très proche, mais sa couleur brune et sa taille plus réduite en moyenne la distinguent du chapon.
- La **petite rascasse rouge** est de la même couleur que le chapon, mais elle ne possède pas les points caractéristiques de ce dernier. En Méditerranée, sa taille est toujours modeste, alors que du côté atlantique, sur la côte basque, elle peut dépasser 500 g.

Le sar : il aime aussi les trous

Déjà cité dans la partie consacrée aux poissons de pleine eau, le sar doit aussi être considéré comme un poisson de roche. Habitué à se réfugier sous des pierres formant des cavités sombres et étroites, le sar commun y trouve un abri sûr dans certaines conditions, notamment météorologiques. Par exemple, la veille d'un fort coup de vent, il va se caler à trou, alors que dès que la mer s'agite, il quitte les dessous des pierres. Son comportement varie en Sud-Atlantique, où il se met à trou, dans de grandes ragues, lorsque la mer est vraiment calme. Quant au sar breton, il ne s'abrite pratiquement jamais sous les roches.

Murène et congre : attention aux doigts !

Habitants de boyaux et autres failles, ces poissons serpentiformes sont de redoutables carnassiers qui se nourrissent de poissons et de céphalopodes, surtout la nuit.

Le **congre** est, après le mérou, le plus gros poisson qu'on puisse rencontrer à trou sur nos côtes, et il peut atteindre 25 à 30 kg. Omniprésent de la Méditerranée à l'Atlantique et à la Manche, ce puissant prédateur nocturne affectionne les failles sombres, le coralligène percé de nombreux boyaux, et les épaves.

De couleur gris ardoise, avec le ventre blanc, il se distingue de sa cousine l'anguille par une tête bien plus large et massive, dotée de mâchoires puissantes. Il faut d'ailleurs se méfier de sa morsure quand on le tire, car si ses dents ne sont pas acérées, la force de sa gueule fait qu'un doigt se retrouve rapidement écrasé...

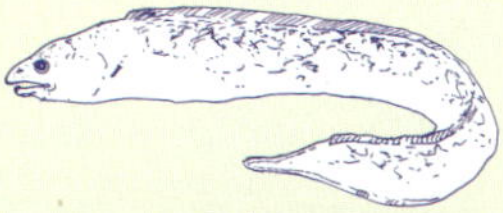

- La **murène** est aussi largement représentée en Méditerranée, mais surtout à l'Est de Marseille. En revanche, elle est absente du littoral atlantique français. Plus trapue que le congre, elle possède une coloration plus bigarrée, jaune-beige marbré de brun sombre et de noir. Son corps musclé se termine par une tête proportionnellement petite, avec deux petits yeux inquiétants, et une bouche largement fendue et garnie de dents très acérées.

Plus agressive que le congre, elle peut occasionner des blessures douloureuses et longues à cicatriser. Elle apprécie tout particulièrement les fonds de coralligène, où elle se faufile, même en plein jour pour chasser, notamment le poulpe dont elle raffole. Poisson à la chair peu dense, elle dépasse rarement 6 à 7 kg.

LES GRANDS PÉLAGIQUES

Infatigables nageurs du grand bleu, les poissons pélagiques ont une morphologie adaptée à leur mode de vie : corps musclé et fuselé et gueule largement fendue pour capturer les poissons dont ils se nourrissent. Rencontrés généralement très au large et à des profondeurs dissuasives pour le chasseur, il leur arrive de fréquenter des fonds beaucoup moins importants, lorsque la mer est agitée, ainsi que les remontées rocheuses où le poisson-fourrage se rassemble. C'est notamment en fréquentant les secs au large qu'on a des chances de prendre régulièrement ce type de poissons, dont certaines espèces sont assez courantes.

L'arbalète longue et le moulinet sont indispensables pour ces poissons très puissants. Sans parler d'une prudence élémentaire qui doit inciter à ne pas tirer si les chances de réussite sont trop minces.

Les liches : la prise record

La liche est sans doute le plus beau poisson que le chasseur sous-marin français puisse espérer capturer. Elle peut mesurer plus de 2 m pour un poids de 50 kg, et se rencontre assez fréquemment, au cours des mois d'été, sur la côte méditerranéenne. Les zones les plus propices à leur capture sont les secs de la Côte d'Azur, de la Côte Vermeille, et les Iles de Marseille. Elle est aussi présente au large du littoral languedocien, mais l'eau souvent sale fait qu'on ne la recherche pas spécifiquement. Il existe deux espèces susceptibles d'être chassées en France :

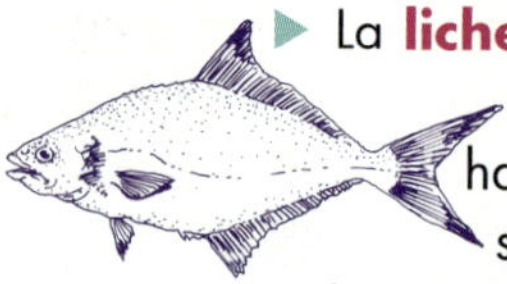

- La **liche amie** est la moins fréquente, et sa taille est généralement plus modeste (15 à 30 kg). Son corps est assez haut, en forme de losange allongé, et ses nageoires dorsale et ventrale, presque symétriques, sont bien développées. Elle possède une tête relativement petite, avec une gueule largement fendue en oblique. Elle est souvent solitaire.

- La **sériole**, ou limon, peut atteindre des tailles nettement plus imposantes, mais la plupart des spécimens capturés dépassent rarement 30 kg. Le corps de la sériole, fuselé et parfaitement hydrodynamique, est barré d'une bande longitudinale jaune dorée se terminant au niveau des yeux. Son front est plus bombé que celui de la liche amie, et sa gueule est plus horizontale.

Chassant la plupart du temps en bancs, la sériole se nourrit de sardines, bogues, athérines et même mulets qu'elle va chercher jusqu'en surface. Lorsqu'un banc de sérioles s'approche, ce sont les plus petites qui arrivent les premières, les plus grosses restant en retrait. La meilleure technique consiste alors à effectuer un agachon de pleine eau, et d'attendre immobile que le banc revienne.

La bonite : une torpille à écailles

Véritable torpille sous-marine, la bonite se rencontre en Méditerranée et en Sud-Atlantique, mais aussi dans la plupart des mers chaudes du globe. Son corps fuselé est taillé pour nager infatigablement dans le bleu. Son dos bleu barré de stries obliques noires, ses flancs argentés, sa queue en croissant, sa gueule largement fendue et pourvue de petites dents pointues, sont autant de caractères qui distinguent nettement la bonite. Chassant en grands bancs, elle affectionne les remontées entourées de bleu, où le petit poisson se rassemble. Elle mesure généralement 50 à 60 cm pour un poids moyen d'1,5 à 2 kg, mais elle peut atteindre 10 kg.

Le tassergal : le carnassier parfait

Plus rare, le tassergal est un redoutable carnassier, vivant principalement en Méditerranée. Sa silhouette se rapproche de celle de la liche amie, mais son corps est couvert d'écailles plus larges, et sa gueule remplie de grandes dents très coupantes. Très rapide, le tassergal chasse inlassablement dans les bancs de petits poissons, près de la surface. Il peut atteindre une dizaine de kilos.

Le thon : le poisson de l'extrême

Rencontré très occasionnellement, ce croiseur au long cours est un pélagique pur, qui ne s'approche qu'exceptionnellement de la côte. Le thon rouge dépasse 300 kg, et le thon blanc, plus petit, 150 kg. Son corps ressemble à celui de la bonite, mais en plus massif. La couleur de son dos est d'un beau bleu sombre, et ses flancs sont argentés, avec des reflets bronzés. Très rares sont les chasseurs qui ont pu épingler un thon rouge, ou même en apercevoir un.

LES POISSONS DE SABLE

Moins connus car moins fréquentés, les fonds sablonneux abritent de nombreux poissons (entre autres les poissons plats), dont la meilleure défense réside plus dans l'aptitude à se camoufler que dans la vitesse de fuite. La difficulté consiste donc à les repérer, mais le chasseur persévérant sera récompensé par des prises de belle taille aux qualités gastronomiques reconnues.

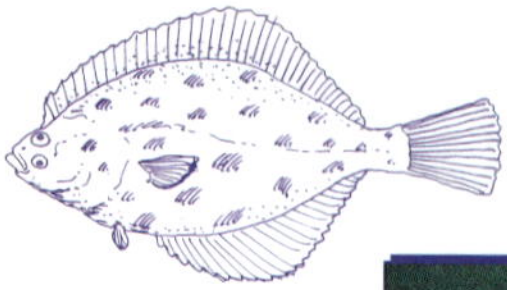

La plie : des points orangés sur le corps

La plie, appelée aussi carrelet, est un poisson plat vivant essentiellement en Atlantique et en Manche, et qui pèse de 1 à 2 kg. La plupart du temps, elle repose sur des fonds de sable, où elle se nourrit de petits mollusques et de vers marins, mais il lui arrive d'arpenter les fonds rocheux de temps à autre. Lorsqu'un danger se présente, elle s'enfouit sous le sable, d'où elle ne laisse apparaître que les yeux et le croissant de son opercule, qu'il faut apprendre à identifier pour pouvoir la capturer. Sur sa face dorsale, sa robe beige est ornée de plusieurs points orangés, tandis que sa face ventrale est blanche.

Lorsqu'on parcourt des fonds sablonneux "pour faire du plat", il est relativement facile de faire de belles pêches de carrelets.

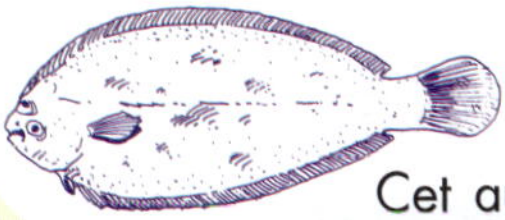

La sole : sur toutes nos côtes

Cet autre poisson plat a une morphologie plus allongée que la plie, en goutte d'eau. Sa robe beige tire plus sur le gris, et sa bouche a une forme caractéristique, en forme de virgule. De mœurs plus nocturnes, la sole affectionne la frontière entre les fonds sableux et rocailleux. Elle se rencontre aussi bien en Méditerranée qu'en Atlantique, et possède le même régime alimentaire et les mêmes dimensions que le carrelet. On repère sa présence par les empreintes caractéristiques qu'elle laisse là où elle s'est posée.

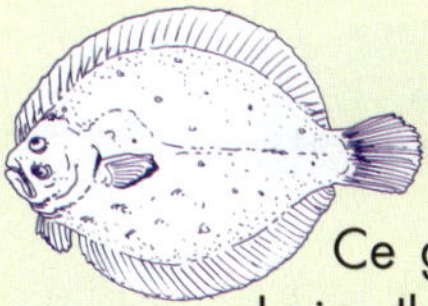

Le turbot : le géant des "plats"

Ce grand poisson plat est réputé pour la qualité de sa chair. Il peut peser jusqu'à 15 kg, et se rencontre en Méditerranée, mais surtout en Atlantique, où il fréquente des fonds recouverts d'un sable à la granulométrie particulière, à des profondeurs relativement importantes, à partir de 16-17 m.

Il porte une robe beige sombre recouverte d'une multitude de petites taches, et sa couleur varie en fonction de la teinte du fond. Sa forme est très caractéristique, puisque son corps est un losange presqu'aussi large que long. Certains chasseurs sont devenus des spécialistes de la traque du turbot, qui se pratique également en recherchant les traces qu'il laisse dans le sable. Une prise difficile si le poids du turbot est conséquent et la profondeur importante ! Méfiance à la remontée.

Signalons aussi la barbue, un poisson plat très proche du turbot. Elle ne s'en distingue que par des détails infimes nécessitant des yeux de connaisseur averti. Elle est généralement plus petite que lui, et sa chair n'est pas aussi délicieuse.

La baudroie : un poids mort à la remontée

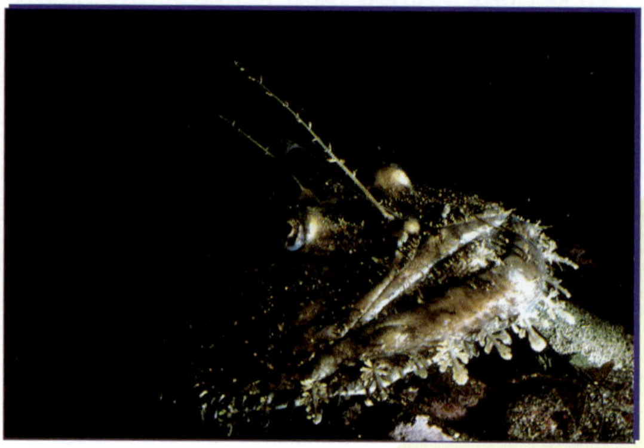

Autre habitant des fonds sablonneux, la baudroie ou lotte fait partie des poissons bien connus des gastronomes. Pourtant, son aspect n'a rien d'engageant : un petit corps reposant sur deux larges nageoires ventrales, des nageoires pectorales en forme d'éventails, et surtout une énorme tête plus grande que le corps, et une gueule impressionnante remplie de plusieurs rangées de dents fines et pointues. Sur le sommet de la tête, elle présente trois appendices servant de filaments pêcheurs qui attirent les petits poissons dont elle se nourrit.

Reine du camouflage, la lotte prend la teinte du fond sur lequel elle est posée. Celui-ci est souvent sablonneux, mais elle peut également se trouver sur des zones rocheuses. Elle est présente en Méditerranée, mais moins fréquente qu'en Atlantique, où elle se rencontre à certaines périodes sur les mêmes fonds que le turbot. Comme la plupart des poissons vivant sur le sable, sa capture est aisée, est le plus dur est de vaincre la résistance due à la surface importante que ce poisson présente lors de la remontée. D'autant que la baudroie peut atteindre 35 à 40 kg.

Les raies : de très grosses bêtes

Les raies sont des poissons cartilagineux assez gros, dont le corps en losange est moins aplati que celui des poissons plats. Contrairement à eux, elles ont une bouche qui se situe sur la face ventrale, idéalement placée et équipée pour s'emparer de coquillages et autres crustacés constituant leur régime. Leur corps se termine par une queue qui va en s'affinant vers son extrémité, et qui est souvent équipée d'un aiguillon parfois venimeux.

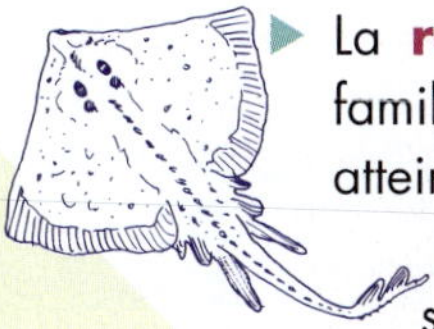

▶ La **raie bouclée** est un représentant commun de cette famille, qui se rencontre surtout en Atlantique. Elle peut atteindre une cinquantaine de kilos. Sa teinte générale est d'un beige foncé, avec des taches en ocelles plus sombres sur le dos.

▶ La **pastenague** se rencontre plutôt en Méditerranée, où elle atteint parfois 100 kg. Son corps est assez haut, presque plus large que long, d'une couleur brun sombre. Il se termine par une queue très fine, munie d'un dard venimeux.

Et en latin, c'est comment ?

POISSONS DE PLEINE EAU

Sar commun : *Diplodus sargus*
Sar à tête noire, ou vérade ou vidriade : *Diplodus vulgaris*
Sar pointu ou becofino ou charax : *Diplodus puntazzo*
Sar tambour : *Diplodus cervinus*
Saupe : *Sarpa salpa*
Daurade royale : *Sparus aurata*
Denti : *Dentex dentex*
Pagre : *Pagrus pagrus*
Pageot : *Pagellus erythrinus*
Dorade grise : *Spondyliosoma cantharus*
Loup ou bar : *Dicentrarchus labrax*
Mulet : *Chelon labrosus* (mulet lippu)
Lieu jaune : *Pollachius pollachius*

POISSONS DE ROCHE

Mérou : *Epinephelus marginatus*
Grande vieille : *Labrus bergylta*
Labre merle : *Labrus merula*
Labre vert : *Labrus viridis*
Vieille coquette : *Labrus bimaculatus*
Crénilabre tanche : *Symphodus tinca*
Grande rascasse rouge ou chapon : *Scorpaena scrofa*
Rascasse brune : *Scorpaena porcus*
Mostelle : *Phycis phycis*
Corb : *Sciaena umbra*
Congre : *Conger conger*
Murène : *Muraena helena*

GRANDS PÉLAGIQUES

Liche amie : *Lichia amia*
Sériole : *Seriola dumerili*
Bonite : *Sarda sarda*
Tassergal : *Pomatomus saltatrix*
Thon rouge : *Thunnus thynnus*

POISSONS DE SABLE

Plie : *Pleuronectes platessa*
Sole : *Solea vulgaris*
Turbot : *Psetta maxima*
Barbue : *Scophthalmus rhombus*
Baudroie : *Lophius piscatorius*
Raie bouclée : *Raja clavata*
Pastenague : *Dasyatis sp*

N'oubliez pas ...

D'autres espèces de poissons croiseront, plus ou moins fréquemment, votre route. Il s'agit du :

- **Marbré**. Un poisson tranquille nageant à proximité des fonds de sable qu'il fouille consciencieusement. Longueur commune : 15 à 30 cm.
- **Saint-Pierre**. Majestueux et reconnaissable facilement à sa nageoire dorsale prolongée par un long filament et à sa tache noire sur le flanc, ce poisson est souvent solitaire. Il se promène avec nonchalance au-dessus des herbiers et des fonds de roche. Délicieux !
- **Baliste**. De plus en plus nombreux sur nos côtes, le baliste vit en petits groupes nageant en pleine eau. Peu farouche, il en vient même à gêner le chasseur quand il se met à tourner avec insistance autour de la bouée. Une fois sa peau rugueuse ôtée, le baliste a une chair excellente.
- **Grondin**. Un poisson typique des fonds meubles. Très prisé au plan culinaire.
- **Rouget**. Très fréquent sur les petits fonds, le rouget fouille le sol de façon typique. Il affectionne les lisières sable-roche, les bordures d'herbiers. Le poisson des débutants ou des gourmets.
- **Vive**. Enfouie dans le sable, la vive est difficile à repérer. Attention à ses épines dorsales venimeuses.
- **Oblade**. Le débutant confond ce sparidé avec les sars. Sa livrée gris argentée, sa tache noire bordée de blanc à la naissance de la caudale et ses évolutions en pleine eau (souvent près de la surface) aident à la reconnaître. L'oblade est parfois présente en très grands bancs mais sa taille ne vaut pas toujours un coup d'arbalète.

Il n'y a pas que des poissons !

Le chasseur sous-marin, pour peu qu'il soit gourmand, ne laissera pas passer l'occasion de remonter avec un crustacé ou un céphalopode. Quelques espèces à noter.

La langouste

Parmi les crustacés :

L'étrille

Le homard

La petite cigale
(grande cigale protégée)

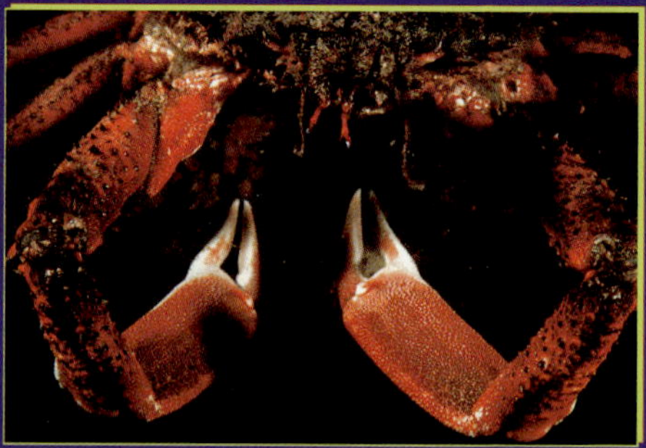

L'araignée

Rappelons que les crustacés doivent être capturés à la main et qu'ils font fréquemment l'objet d'une réglementation locale particulière. Se renseigner auprès des Affaires maritimes (voir en annexe).

Parmi les céphalopodes :

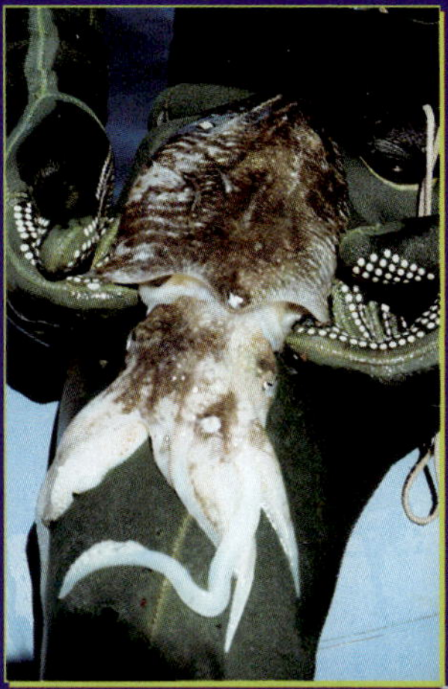

La seiche

Le poulpe

Le calmar

Rappelons que les crustacés doivent être capturés à la main et qu'ils font fréquemment l'objet d'une réglementation locale particulière. Se renseigner auprès des Affaires maritimes (voir en annexe).

9

CHASSE SOUS-MARINE ET SÉCURITÉ

Le chasseur sous-marin côtoie un certain nombre de risques pour sa santé, de l'anodine épine d'oursin à la syncope. Ces risques peuvent être liés au matériel qu'il utilise, aux conditions extérieures, à sa condition physique et à son comportement. La prudence exige qu'il connaisse ces risques, les apprécie à leur juste valeur, sache les éviter ou en reconnaître les signes avant-coureurs. En se rappelant que, très souvent, c'est l'excès de confiance, la précipitation, l'impatience qui sont la cause des accidents (mineurs ou graves) en chasse sous-marine. Dans tous les cas, la pratique à deux s'impose ; c'est la meilleure garantie de la sécurité, même si la chasse est une activité à forte tendance individualiste.

LA CHASSE EN ÉQUIPE

Chasser en équipe ne signifie pas partir à deux, puis se séparer sans se soucier de l'autre. D'autres impératifs sont primordiaux pour instaurer une réelle sécurité en binôme :

- Avoir la même façon de voir les choses, de vivre la chasse.
- Posséder une condition physique équivalente et être capable de chasser aux mêmes profondeurs.
- Bien connaître son équipier, son caractère, ses défauts, ses limites physiques.

- Savoir être à l'écoute de son comportement sous l'eau, sentir chez lui des signes de fatigue, d'énervement.
- Ne pas avoir honte de lui avouer sa propre fatigue, une sensation de froid ou d'être "juste" en apnée.

- Ne pas instituer de compétition continuelle, pour faire mieux que l'autre.
- Savoir concilier deux impératifs lorsqu'on est en surface : la préparation de sa prochaine apnée et la surveillance incessante de son équipier au fond.
- **Ne pas considérer la chasse en équipe comme une contrainte et une corvée mais comme un atout qui accroît le plaisir, l'efficacité et la sécurité.**

MÊME DANS PEU D'EAU ...

Il est clair que la chasse en équipe prend toute sa dimension lorsqu'il s'agit de chasse profonde, où chaque geste doit être étudié pour être le plus efficace possible. Remonter la ceinture lorsque l'équipier l'a larguée au fond, l'aider éventuellement à terminer les derniers mètres de sa remontée en allant à sa rencontre, doubler un poisson, sont autant de gestes simples qui facilitent grandement la chasse à des profondeurs importantes.

Mais la présence d'un équipier est tout aussi précieuse dans peu d'eau, autant pour gagner en efficacité, qu'en sécurité. En effet, la chasse même peu profonde implique l'existence de risques omniprésents : épuisement, crampes, courant entravant le retour à la côte, bris d'une palme, malaise sous l'eau, pied entravé dans un filin au fond, sont des situations où le secours d'un équipier peut s'avérer vital.

MATÉRIEL : l'exemple du bon chasseur

La sécurité et le confort du chasseur sont déjà en partie assurés quand il sait choisir son matériel. Cette question a été détaillée dans un chapitre précédent. Ajoutons qu'un tuba trop grand gêne la ventilation (l'espace mort est trop important), qu'une combinaison trop fine, trop usagée (le néoprène s'écrase avec le temps) ou mal taillée n'empêche plus les effets du froid. À l'inverse, elle entrave les mouvements ventilatoires si elle est trop serrée.

Tout cela, le bon chasseur le sait, mais observez-le en détail et vous apprendrez des tas de choses. Aucun objet susceptible de s'accrocher au fond n'est visible sur son équipement. Le fil de son accroche-poissons n'est pas lâche autour de sa taille, son couteau est bien fixé. Toutes les drisses qu'il est amené à manipuler (au niveau de la bouée ou du moulinet par exemple) sont bien rangées. Il sait sans doute que tout ce qui risque de le retenir au fond est à bannir. Suivez son exemple.

Si vous êtes plus attentif encore, vous noterez les précautions suivantes :

- Son couteau est bien affûté et surtout placé de telle manière qu'il puisse être sorti de sa gaine rapidement, sans même un regard.
- Sa ceinture est facile à larguer (même avec l'accroche-poissons qui ne doit jamais faire complètement le tour de la taille) ; sa boucle reste toujours au niveau du ventre car quand elle se retrouve dans le dos (cas d'une ceinture trop lâche), le largage devient problématique.
- Hors de l'eau, et même à la bouée, les pointes de ses flèches sont munies d'un bouchon de protection (un simple morceau de sandow fait l'affaire).
- Il n'arme son arbalète qu'une fois celle-ci dans l'eau, et jamais près des baigneurs s'il part à la palme. Il la décharge avant de sortir de l'eau.
- Il laisse son index le long de la crosse, et ne le place sur la détente qu'immédiatement avant le tir.
- Quand il parle avec son équipier, il tient l'arbalète pointée vers le fond.

- Il n'oublie jamais ses gants et arme son arbalète calmement, pour ne pas risquer une fausse manœuvre qui provoquerait la casse des obus et une blessure sérieuse à la main.
- Son lestage est toujours adapté à la profondeur, à son vêtement et à son type de pêche.

LES RISQUES DE LA CHASSE SOUS-MARINE

En dehors des problèmes occasionnés par le matériel, la chasse sous-marine comporte d'autres risques. En voici une liste rapide.

- **L'hydrocution**. Cet accident est dû à une différence de température excessive et brutale entre la peau et l'eau. Cette perte de connaissance, parfois précédée de nausées, de vertiges ou d'une sensation de fatigue, peut conduire à la noyade. Pour l'éviter, on recommande de bannir les expositions trop longues au soleil et les repas excessifs avant la plongée.
- **La noyade**. Il s'agit en fait de deux types d'accidents : l'un dû à l'entrée d'eau dans les poumons, l'autre dû à un arrêt respiratoire.
- **L'hypothermie**. Le froid fait réagir le corps et différents mécanismes physiologiques sont déclenchés pour l'aider à maintenir sa température. Les effets du froid se font très vite sentir. Pour les limiter au maximum, le chasseur doit savoir se ventiler parfaitement (les besoins en oxygène augmentent avec le froid), apporter à son organisme les éléments énergétiques indispensables (repas équilibré avant la sortie et compléments en cours de journée, y compris de l'eau). Une bonne combinaison ne suffit pas toujours et un ciré sera très utile sur le bateau pendant les déplacements par temps froid.

◆ **Les barotraumatismes**. Induits par la pression, donc par la profondeur, ces accidents concernent surtout le tympan, parfois les sinus. Effectuer correctement et au bon moment la manœuvre de compensation (celle dite de Valsalva étant la plus courante), telle est la solution pour éviter une douleur voire une lésion de l'oreille moyenne. S'il ne peut compenser (cas du rhume par exemple), le chasseur doit renoncer à sa sortie. Les barotraumatismes dentaires (à cause d'une carie) ou oculaire (le masque fait ventouse quand le chasseur n'a pas soufflé un peu d'air par le nez pour compenser la pression) sont plus rares.

◆ **Le reflux gastro-œsophagien**. Il est favorisé par la position tête en bas que le chasseur est contraint d'adopter lors de la descente et parfois au fond (cas de la chasse à trou). Il s'accompagne de sensations de brûlures.

◆ **Le malaise hypoglycémique**. Il résulte d'une insuffisance des réserves énergétiques faites avant la sortie ou de l'absence d'apports de ce type lors de sorties longues et éprouvantes.

◆ **Les crampes**. Elles apparaissent fréquemment au niveau du mollet ou de la cuisse et traduisent une fatigue musculaire ou un entraînement insuffisant par rapport aux efforts fournis. La déshydratation, une mauvaise ventilation ou un équipement trop serré peuvent les provoquer. Un peu de repos et un massage peuvent faire disparaître une crampe. Si tel n'est pas le cas, mieux vaut interrompre sa sortie.

◆ **La maladie de décompression**. Récemment mis en évidence chez les chasseurs sous-marins de très haut niveau, cet accident est lié à trois paramètres : fréquence des apnées, durée des apnées et profondeurs atteintes. Une courbe de sécurité a été définie (Héran, 1990) qui indique, par exemple, un réel risque de maladie de décompression pour un chasseur effectuant 12 apnées de 2 minutes par heure, à une profondeur de 30 m, le tout pendant 4 heures. Il semble que l'utilisation du loco-plongeur puisse, dans certaines conditions (profondeurs atteintes, durée et fréquence des apnées qui sont ainsi très facilitées par cet engin), présenter un danger.

- **La syncope**. Elle se produit le plus souvent à la remontée et se traduit par une perte de connaissance. Dans ces conditions, et pour éviter la noyade, l'intervention rapide de l'équipier est primordiale, d'autant que la reprise des mouvements ventilatoires reste bloquée de manière réflexe pendant quelques secondes, laissant le temps à l'équipier de remonter son camarade. Il y a souvent une reprise spontanée de la respiration, mettant un terme à l'incident. En l'absence de connaissance en secourisme, une simple gifle peut aider à cette reprise. Il ne s'agit pas toujours d'une syncope anoxique, même si l'anoxie de fin d'apnée est responsable de la très grande majorité de ces malaises. Les facteurs déclenchant ce phénomène sont principalement l'apnée trop prolongée (avec souvent une hyperventilation excessive préalable) mais, dans des cas plus rares, peuvent être aussi la sollicitation du sinus carotidien (quand le cou est étiré, la tête regardant vers la surface), l'hydrocution, l'hypoglycémie, etc.

Chasser à deux : des exceptions à la règle

Même si la chasse en équipe comporte toujours des avantages, ceux-ci sont quelquefois contrebalancés par certains inconvénients.

Ainsi, lorsqu'on chasse dans très peu d'eau, comme sur une digue, la présence d'un équipier, même en retrait, dérange le poisson, qui détale à la moindre alerte. Mieux vaut alors s'adapter à la situation, en se partageant la digue. Ainsi, chacun chasse en toute discrétion, et si l'un des deux en éprouve le besoin, il peut appeler son équipier.

Lorsque les conditions sont vraiment difficiles, avec eau sale et houle, la visibilité devient parfois telle qu'il est impossible aux équipiers de se surveiller mutuellement. Pire encore, deux chasseurs évoluant trop près l'un de l'autre risquent de se blesser avec leurs arbalètes. Dans ce cas, la sécurité n'est pas garantie en chassant à deux, et il vaut mieux que l'équipier devienne pilote du bateau (ou reste en surface), se tenant à distance mais restant toujours prêt à intervenir.

Attention au fond !

Les évolutions du chasseur au fond ne sont pas exemptes de dangers. D'autant que son esprit, accaparé par l'action de chasse, peut oublier les règles de sécurité. Trois exemples.

1 - Chasser sur épave ne s'improvise pas. En aucun cas, le chasseur ne doit rentrer dans les structures. Il veillera à tout moment à ne pas toucher les tôles coupantes, à l'eau trouble qui rend invisibles les restes de filets ou de câble. Il renoncera même à chasser si la sécurité est aléatoire. Tant pis pour les loups qu'il a aperçus !

2 - A trou, le chasseur doit savoir s'arrêter dans sa prospection. Engager la tête est une chose, entrer tout le corps dans une faille en est une autre.

3 - Au fond, le chasseur peut être amené à faire des efforts imprévus (pour sortir un poisson d'un trou, pour prolonger un agachon, pour avancer de quelques mètres de plus). La lucidité doit l'inciter à interrompre ces efforts et à garder suffisamment de "réserves" pour une remontée en toute sécurité. Mieux vaut rejoindre la surface, se reposer et refaire une plongée.

Attention en surface !

En chasse sous-marine, les dangers ne sont pas tous sous-marins. Les bateaux provoquent chaque année des accidents graves. Même si la présence d'une bouée n'est pas obligatoire partout, rappelons combien ce matériel est utile pour se signaler aux embarcations. À condition de ne pas ancrer sa bouée à un endroit pour aller pêcher à 150 m de là !
La bouée n'est malheureusement pas la solution infaillible tant il est vrai que de nombreux plaisanciers ignorent sa fonction. Ils viendront même la frôler pour la voir de près. Quand il s'agit d'un voilier, silencieux pour le chasseur, le danger est grand. Du coup, l'équipier hérite d'un rôle de surveillance de surface. Dans certaines zones en été, le trafic est tel que ces précautions ne suffisent pas. Résultat consternant : mieux vaut ne pas se mettre à l'eau.

Au cas où ...

La plupart des chasseurs d'Afrique du Sud ne s'embarquent jamais sans une trousse médicale complète leur permettant même de faire des points de suture. La raison ? Les requins.

Loin de ces zones à risque extrême, une petite trousse médicale n'est pas inutile à bord ou en voyage. Elle comprendra :

- Ciseaux, sparadrap, pansements résistants à l'eau.
- Un désinfectant.
- Un anti-brûlure.

Le mal de mer

Assez rares sont les chasseurs sous-marins qui ne ressentent absolument aucun des symptômes du mal de mer quand la houle s'en mêle. À l'inverse, d'autres connaissent très vite ces problèmes, au point de rentrer au port plus vite que prévu, et même de redouter une sortie en voyant l'état de la mer.

Il existe des traitements divers contre ce problème dont la source se situe au niveau de l'oreille interne et qui peut se révéler dans l'eau. Nous en citerons quelques-uns : les antihistaminiques, les traitements homéopathiques, la phytothérapie, l'acupuncture et le massage de certains points. Certaines de ces solutions ont des effets secondaires ; prendre l'avis de son médecin est recommandé.

Concrètement, le chasseur sujet au mal de mer a intérêt à :

- se mettre à l'eau rapidement quand le bateau est à l'arrêt,
- éviter avant la sortie d'ingérer des aliments gras ou acides (certains jus de fruits) et tout alcool,
- éviter d'avoir froid ou chaud,
- regarder la ligne d'horizon plutôt que suivre les ondulations du bateau,
- ne pas lire,
- faire précéder sa sortie d'une bonne nuit de sommeil.

Enfin, il faut savoir que le mal de mer peut disparaître ou du moins s'atténuer quand on multiplie les sorties en mer.

On récupère le syncopé en se plaçant latéralement et légèrement sous lui. On largue sa ceinture. Une main maintient son tuba en bouche et sa tête vers le haut, l'autre assure la poussée en tenant sa cuisse. Le sauveteur peut ainsi palmer sans être gêné. En surface, il ôte le tuba plein d'eau du syncopé.

Les deux mains sous la nuque, on tire le syncopé en position horizontale. On peut donner une gifle pour favoriser la reprise des mouvements ventilatoires. En cas de fatigue, mieux vaut ralentir mais ne pas s'arrêter.

Arrivé au pneumatique, si l'on est seul, on place les deux mains du syncopé l'une sur l'autre, sur le boudin. On se décale légèrement et, d'un bon coup de palmes, tout en prenant appui, on grimpe sur l'embarcation. On enlève ses palmes, une main maintenant toujours celle de son camarade. Debout sur le bateau, on prend les deux poignets de celui-ci. On l'immerge d'un coup, jusqu'au niveau du cou, et en s'aidant de la poussée de l'eau (sa flottabilité est positive), on le hisse à bord.

La position représentée sur ce dessin peut permettre au syncopé de recracher de l'eau. Il est ensuite amené au fond du bateau. La suite du sauvetage dépend de ses propres connaissances. Elles sont détaillées dans des ouvrages de cette collection.

10

CHASSE SOUS-MARINE ET FORMATION

La chasse sous-marine est une activité accessible à un très grand nombre de pratiquants, quel que soit leur niveau. Si l'initiation peut se faire durant la période estivale avec un proche qui maîtrise déjà les bases techniques, il faut savoir que la formation peut aussi être assurée au sein de certains clubs de la F.F.E.S.S.M. Des sorties y sont organisées, sous l'autorité de plusieurs encadrants, parfois compétiteurs, parfois moniteurs ; des entraînements en piscine permettent aux membres de se retrouver chaque semaine, etc.

La formule des stages est aussi très intéressante. Une dizaine de ces "séminaires" d'initiation ou de perfectionnement ont lieu chaque année ; ils sont mis sur pied par des commissions régionales de pêche sous-marine (Languedoc-Roussillon, Bretagne, Nord-Pas-de-Calais, etc.) par des clubs, à l'image du Club Apnéa, du Club Moana, etc. Ces stages payants et ouverts à tous les licenciés durent de deux à quatre jours en général ; ils permettent un tour d'horizon complet, théorique et pratique, des techniques, du matériel, de la sécurité, etc. Avec, fréquemment, la participation d'un champion qui fait profiter de son expérience.

Pour ceux qui souhaitent poursuivre dans la voie de l'enseignement bénévole, il existe plusieurs diplômes mis en place par la Fédération Française d'Etudes et de Sports Sous-Marins (voir les textes officiels ci-dessous). Rappelons que cet organisme a préféré le terme de pêche sous-marine à celui de chasse sous-marine.

Les stages de chasse sous-marine comportent aussi des cours théoriques.

L'INITIATEUR FÉDÉRAL DE PÊCHE SOUS-MARINE ET/OU D'APNÉE

Il peut encadrer et assurer la sécurité d'un groupe en milieu naturel propice ou artificiel (piscine, etc.).

Pour être candidat :

- Etre âgé de plus de 18 ans.
- Etre licencié à la F.F.E.S.S.M.
- Etre titulaire d'une assurance complémentaire (catégorie 1 minimum).
- Jouir de ses droits civiques et politiques.
- Etre titulaire d'un certificat de premiers secours ou diplôme équivalent de la Sécurité Civile datant de moins de trois ans.
- Avoir la maîtrise du niveau 2 de la grille de référence des niveaux d'apnée.

Le dossier d'inscription comprend :

- Une fiche d'inscription.
- Une fiche d'état civil.
- Une photo d'identité.
- Un certificat médical de moins de trois mois délivré par un médecin fédéral du C.E.S de médecine du sport.
- Une photocopie de la licence.

Les épreuves communes théoriques

- Accidents dus à la plongée libre et prévention.
- Notions de navigation et de matelotage, sécurité en mer.
- Structures clubs et régionales.

Les épreuves communes pédagogiques

- Conduite d'un cours théorique ou préparation d'une sortie en mer.
- Conduite d'une séance d'initiation ou de perfectionnement avec un groupe.

Les épreuves communes pratiques

- Sans PMT. Effectuer un 100 m en moins de 4 mn, puis remonter un mannequin de 3 à 5 m de fond et le maintenir en surface 1 mn avec déplacement.
- Avec PMT. Aller chercher un camarade sur un fond de 5 m et le remorquer sur 25 m. Effectuer 2 fois 25 m en apnée en piscine avec 40 s de récupération entre les deux apnées. 400 m de nage avec palmes.

Les épreuves spécifiques théoriques

- Connaissance du matériel et des espèces locales communes.
- Connaissance de la réglementation générale.

Les épreuves spécifiques

Pêche sous-marine

- Epreuve de pêche sous-marine (2 h).

Apnée

- Connaissance du matériel courant, connaissance de l'organisation de la sécurité en plongée libre. Evaluation de la maîtrise physique lors des descentes jusqu'à 20 m.

LE MONITEUR FÉDÉRAL DE PÊCHE SOUS-MARINE ET/OU D'APNÉE

Il forme, anime et entraîne, dans son club ou lors de stages régionaux en pêche ou en apnée. Il prend en charge la sécurité des élèves, participe au jury d'initiateurs et les forme, assure le rôle d'officiel lors de compétitions régionales ou nationales.

Pour être candidat :

En plus des conditions de l'initiateur

- Etre titulaire du permis A bateau ou permis mer.
- Etre titulaire du Brevet Elémentaire de plongeur en scaphandre (Niveau 1).
- Etre titulaire du certificat restreint de radiotéléphonie.
- Avoir la maîtrise du niveau 3 de la grille de référence des niveaux d'apnée.

Le dossier d'inscription comprend :

En plus des pièces du dossier d'initiateur

- Un extrait N°3 du casier judiciaire datant de moins de trois mois.
- Une photocopie du certificat restreint de radiotéléphonie.
- Une photocopie du brevet élémentaire ou d'un diplôme supérieur.
- Une photocopie du permis mer.
- Un dossier "compte rendu d'activités pédagogiques" (facultatif).

Les épreuves communes théoriques

- Connaissance des éléments de navigation, de météo, cartes marines, études des situations critiques, réparation et entretien des bateaux et moteurs hors-bord.
- Connaissance sur l'organisation des secours, des soins d'urgence et des principes de physiologie de la plongée libre.

Les épreuves communes pédagogiques

- Prévoir et organiser le déroulement d'une séance d'apprentissage en mer ou en piscine.

- Mise en situation pédagogique lors d'une séance avec des élèves.
- Sauvetage : remonter un camarade allongé sur un fond de 12 m, sans larguer la ceinture, entamer les techniques de ranimation, tracter le syncopé jusqu'au bateau à 30 m, le hisser à bord, effectuer une ranimation cardiaque et respiratoire sur un mannequin durant quelques minutes.
- Effectuer une plongée en scaphandre avec interprétation des signes conventionnels (uniquement Niveau 1).

Les épreuves spécifiques

Pêche sous-marine

- Connaissance des règlements généraux concernant la pêche.
- Connaissance approfondie de la réglementation locale.
- Connaissance des structures fédérales.
- Connaissance des règlements du championnat de France.
- Effectuer trois plongées en apnée à 20 m, en 20 mn, donnant lieu à un tir sur une cible à 3 m.
- Démonstration des diverses techniques de chasse.

Apnée

- Connaissance des conditions de pratique et de sécurité arrêtées par la commission nationale.
- Connaissance des structures fédérales.
- Effectuer trois descentes à 30 m (une à poids constant le long d'un filin, une avec gueuse largable, une avec gueuse mécanique).

L'INSTRUCTEUR NATIONAL DE PÊCHE SOUS-MARINE

Il fait partie du collège national des Instructeurs. Il participe aux stages et examens, propose des sujets d'examen pour les moniteurs, donne son avis sur les projets techniques et pédagogiques, etc.

Les conditions requises pour être instructeur (en plus des précédentes) sont :

- Etre titulaire depuis 2 ans au moins du titre de moniteur fédéral.
- Etre titulaire du Monitorat d'Activités Subaquatiques de Compétition (MASC).
- Pratiquer l'enseignement de la pêche et de l'apnée.
- Organiser des stages et examens fédéraux nationaux.

Sa candidature devra être proposée à la commission régionale et à son comité.

Pour en savoir plus, se renseigner auprès de la F.F.E.S.S.M. (voir adresse à la fin de cet ouvrage).

11

LES COMPÉTITIONS DE CHASSE SOUS-MARINE

Le fait que la chasse sous-marine requiert des qualités physiques exceptionnelles et se déroule dans un milieu hostile, face à un adversaire qui se trouve dans son élément, a rapidement donné naissance à la notion de compétition. Celle-ci aurait pu consister en la prise du plus gros poisson, quels que soient les moyens mis en œuvre. Il n'en est rien, heureusement ! L'éthique de ce sport et la nécessité de respecter des règles de sécurité ont imposé aux compétitions des règles de déroulement strictes, voire draconiennes, mais légitimes.

LA SÉCURITÉ COMME PRINCIPE DE BASE

les compétitions de chasse sous-marine obéissent à un règlement très précis qui vise à respecter :

- des conditions de sécurité optimales,
- une éthique inattaquable.

Le règlement doit assurer la sécurité des compétiteurs. Ainsi, le chasseur sous-marin désirant pratiquer son sport en compétition doit-il :

1 - demander une licence délivrée par la F.F.E.S.S.M., en s'inscrivant dans un club affilié à cette fédération. Cette licence annuelle est assortie d'une assurance complémentaire souscrite en même temps.

2 - obtenir un certificat médical d'aptitude délivré par un médecin fédéral ou un médecin détenteur du CES de médecine du sport, après un examen poussé.

Le règlement insiste sur les principes de sécurité : surveillance mutuelle des coéquipiers, interdiction de descendre à deux, éloignement limité entre les deux équipiers, planche ou bouée de balisage obligatoire ainsi que le poignard ...

UN RÈGLEMENT POINTILLEUX

L'éthique de ce sport a également donné naissance à un très grand nombre d'articles du règlement. Le principe de base en compétition est de rapporter, sur une zone définie et en un temps donné, le plus de poissons possible, ceux-ci devant appartenir à des espèces non interdites et devant faire une taille minimale fixée par l'organisation en fonction de la région. Cette taille minimale est de 250 g en Côte d'Azur et en Provence, 300 g en Languedoc-Roussillon, 450 g en Atlantique Sud, et de 500 à 1.200 g en Bretagne et Manche.

Il est interdit de capturer crustacés, céphalopodes, squales et autres poissons cartilagineux, poissons plats, baudroies, lumps, et le mérou depuis deux ans (sur la côte méditerranéenne uniquement).

Selon les compétitions, les congres et murènes peuvent être autorisés ou non, et leur taille minimale est variable.

Le temps imparti est généralement de cinq heures, avec possibilité d'écourter la compétition tout en en validant le résultat, si les conditions météorologiques l'imposent.

LE TRAVAIL DE REPÉRAGE

Les zones sont définies sur des cartes marines parfois fournies aux compétiteurs ; elles s'étendent sur des distances de 3 à 6 km de long.

Les compétiteurs ayant connaissance des zones longtemps avant l'épreuve, ils peuvent effectuer des repérages afin de reconnaître la topographie des lieux, le comportement des poissons, et les conditions de mer rencontrées.

Aujourd'hui, le repérage fait partie intégrante d'une compétition. Sauf exceptions, il influence le résultat final de manière nette, et les meilleurs compétiteurs misent beaucoup sur lui pour réduire la part de chance inhérent à ce type d'activité en milieu naturel. Il s'ensuit un méticuleux et passionnant travail d'analyse cartographique tout d'abord, afin d'éliminer toutes les parties de la zone peu susceptibles de retenir du poisson (zones de sable ou vase par exemple). Puis sur l'eau, avec l'aide, dans le meilleur des cas, d'un sondeur et d'un G.P.S., peut commencer le travail de recherche, qui se poursuit sous l'eau par l'observation directe.

Lorsque des coins vraiment intéressants sont repérés, le chasseur note les alignements pris en terre (ou les points GPS), et au retour, tout est répertorié par écrit. À la fin du repérage, il effectue un dernier tri des coins, une mise en ordre chronologique afin d'établir un parcours passant par un maximum de points intéressants sans perdre de temps, en fonction de l'état de la mer et du courant. Le jour de la compétition, cela permettra au chasseur de minimiser le risque de ne pas trouver de poissons.

Si l'on tient compte des autres compétiteurs, qui auront parfois repéré les mêmes poissons, et d'une disparition probable de certains poissons repérés, le repérage assure en moyenne moins de la moitié de la pêche finale. Mais il ne suffit pas de s'appuyer sur celui-ci, car l'instinct de chasse est primordial pour compléter ce travail de prospection.

Tout au long de l'épreuve, le directeur de la compétition, épaulé par plusieurs commissaires à bord d'embarcations légères, veille au bon déroulement de l'épreuve. Sur les bateaux de surveillance sont parfois présents les capitaines d'équipes, qui dirigent leurs compétiteurs et les informent du déroulement général.

Au bout du temps imparti, les compétiteurs rejoignent le point de sortie de l'eau, et confient leurs pêches aux commissaires. Vient ensuite le moment de la pesée, souvent pleine de rebondissements.

Chaque poisson valable apporte au compétiteur un nombre de points égal à son poids en grammes, plus un nombre de points fixe correspondant à une prise (généralement égal au poids minimal en vigueur). Ainsi, dans une région où le poids minimal est de 250 g, un poisson de 450 g rapportera 450 + 250 = 700 points.

Au-dessous d'un certain poids, un poisson est pénalisable, et représente un nombre de points négatifs égal au poids minimal en vigueur. Ainsi, dans une région où le poids minimal est de 300 g, la prise d'un poisson de 200 g (ou moins) entraînera une pénalité de -300 points.

LES ÉPREUVES INTERNATIONALES

Les rencontres amicales

Elles sont parfois soumises à des réglementations particulières propres aux pays d'accueil, comme l'utilisation d'un gilet de sauvetage par les concurrents en Norvège, ou la pesée du poisson une fois vidé en Afrique du Sud. Mises à part ces notes très "couleur locale", la plupart de ces compétitions suivent la réglementation de la Confédération Mondiale des Activités Subaquatiques (la C.M.A.S.).

La Coupe d'Europe

C'est une compétition individuelle. Elle se déroule sur plusieurs épreuves d'une manche chacune dans toute l'Europe. Y participent les athlètes sélectionnés pour les équipes nationales européennes. Chaque compétiteur dispose généralement d'un bateau, et peut évoluer librement d'un bout à l'autre de la zone. Le classement final de la Coupe d'Europe se fait à partir des trois meilleurs résultats des athlètes de chaque équipe. Elle a lieu chaque année.

Le championnat d'Europe

Il se déroule tous les deux ans, en alternance avec le championnat du Monde. Y participent les meilleurs athlètes européens sélectionnés en équipes nationales. Trois athlètes et un remplaçant par nation. C'est une épreuve individuelle, se disputant sur deux journées consécutives, en bateau. Un bateau par compétiteur.

Le championnat du Monde

Il se déroule normalement tous les deux ans, sur le même schéma que le championnat d'Europe, mais avec la participation des équipes nationales du monde entier. Un quota de nations par région du monde est maintenant établi.

Les championnats de France

La plus prestigieuse des épreuves nationales a lieu tous les ans, alternativement sur la façade méditerranéenne et sur la façade atlantique. Elle comprend une épreuve individuelle, sur deux journées consécutives et une épreuve en double, sur une seule journée.

Y participent les 40 meilleures équipes et les 40 meilleurs individuels sélectionnés au cours de championnats régionaux dans toute la France. Un nombre de compétiteurs est fixe pour chaque comité régional de la F.F.E.S.S.M., il est fonction des résultats des athlètes de chaque comité au cours du championnat précédent. C'est le principe des quotas.

Le départ de la compétition peut se faire de la côte ou en bateau, mais les compétiteurs ne disposent jamais d'embarcations individuelles. Selon le principe du point-place, les compétiteurs sont classés en fonction de leurs résultats au championnat de France sur plusieurs années consécutives. Les dix premiers de ce classement font partie de l'équipe de France A, et peuvent prétendre à une place de titulaire lors d'une rencontre internationale.

Les championnats régionaux

Chaque comité régional organise ses championnats en double et en individuel, afin de sélectionner les compétiteurs qui le représenteront au championnat de France. Le principe de la sélection et le calcul des points sont relativement libres et peuvent varier d'une commission régionale à une autre. D'autant plus que les contraintes d'effectifs ne sont pas les mêmes dans tous les comités.

Toutes les compétitions bénéficient d'une étroite surveillance.

La coupe de France

Compétition en double ouverte à tous les licenciés, elle se déroule sur quatre à six épreuves d'une journée, en Atlantique et en Méditerranée. Pour être classé, il faut avoir participé à au moins une épreuve dans chaque mer.

Le classement tient compte des quatre meilleurs résultats, et il se calcule en pourcentage par rapport au premier de chaque manche. Ainsi, un compétiteur ayant gagné toutes les épreuves aura 100/2 + 100/2 + 100/2 + 100/2 = 200 %. Un compétiteur ayant terminé avec respectivement 40, 60, 40 et 50 % de la première équipe de chaque épreuve aura un pourcentage de 40/2 + 60/2 + 40/2 + 50/2 = 95 %.

Les pourcentages sont divisés par deux car il s'agit d'un classement individuel, la moitié des points de l'équipe revenant à chacun des équipiers. Si deux compétiteurs font équipe pour toutes les manches ensemble (ce qui n'est pas imposé), ils auront le même classement final.

Les compétitions amicales

Il existe de nombreux trophées et autres compétitions amicales, qui se déroulent à la palme ou en bateau. Certaines ont mis en place un calcul des points original, qui privilégie les prises nobles par l'attribution de coefficients en fonction des espèces : de un pour les poissons de roche, ce coefficient passe à deux pour le mulet, et jusqu'à quatre pour le loup.

La fréquentation des grandes épreuves classiques, mais aussi la participation aux compétitions régionales, sont sans doute les meilleurs moyens de progresser. L'esprit de compétition permet de rester motivé pour se mettre à l'eau dans des conditions parfois décourageantes. Il donne la volonté de chercher du poisson même sur une zone pauvre, et il apprend au compétiteur à respecter des règles de sécurité et d'éthique, qui lui serviront dans la pratique courante. Il offre au chasseur la possibilité d'acquérir une certaine méthodologie dans la recherche du poisson.

Le chasseur néophyte qui aborde la compétition va vite se rendre compte que, bien que ce sport soit très individualiste, la passion qui anime le meilleur comme le plus modeste des compétiteurs les rapproche, et cela lui permettra d'aborder sans complexe les champions qui se feront un plaisir de lui donner des conseils. Rares sont les sports où de tels rapprochements, entre la base et l'élite, sont possibles.

Cette vision de la chasse sous-marine au travers de la compétition diffère sensiblement de celle de la chasse de loisir, car les espèces recherchées, le rythme de pêche, et le plaisir ressenti ne sont pas les mêmes dans les deux cas.

D'un côté, il y a la satisfaction d'avoir réalisé un bon travail de repérage et de préparation, et la joie de voir ses efforts récompensés par un bon résultat. De l'autre, il y a un sentiment plus intérieur de plaisir de trouver du poisson dans un milieu au sein duquel on se sent bien, l'émotion de la rencontre avec une belle prise, et la joie finale de pouvoir le tirer. Ici le tir est une finalité, alors que dans l'autre cas, c'est plus un moyen de prendre les poissons qui mèneront le chasseur vers la victoire, si bien que l'émotion doit être freinée.

Un bon chasseur qui prend du poisson en dilettante ne sera pas forcément un bon compétiteur, mais les deux pratiques peuvent être complémentaires, pour que le plaisir reste entier, et que l'émotion persiste malgré les nécessités et l'enjeu de la compétition.

glossaire

LE VOCABULAIRE
DU CHASSEUR SOUS-MARIN

ACCROCHE-POISSONS : pièce métallique en forme de stylet percé en son centre d'un trou par lequel passe un fil, celui-ci étant relié à la ceinture du chasseur ou à la bouée. Le poisson capturé y est glissé par les ouïes au moyen du stylet.

AGACHON : technique de chasse consistant à se placer à l'affût au fond (parfois en pleine eau) en attendant le passage du poisson.

AMER : repère pris sur terre depuis la mer pour établir un positionnement (synonyme : repère).

ARBALÈTE : arme du chasseur sous-marin utilisant la force de sandows en latex pour propulser une flèche en acier reliée à elle par un fil.

ARDILLON : pièce de métal à l'extrémité de la flèche, pivotant sur un axe, évitant au poisson fléché de s'échapper.

ARMER : charger son arbalète en tendant les sandows.

BADÈCHE : poisson de Méditerranée proche du mérou.

BALISER : marquer un emplacement au moyen d'un repère visuel (bouée, flotteur) pour pouvoir y pêcher.

BAUDRIER : harnachement composé de trois plombs (un dorsal, deux ventraux) et de sangles, destiné à mieux répartir le lestage du chasseur, notamment en hiver.

BECOFINO : sar à museau pointu (ou charax).

BOULÉGER : technique de pêche consistant à repérer le poisson depuis le bateau, dans peu d'eau, en pilotant avec les pieds, tout en gardant la tête sous l'eau.

BROUMÉ : mixture à base de poisson gras écrasé, jetée en mer pour attirer le poisson. A la base utilisé pour pêcher le thon (à l'aide de sardines), il peut aussi s'employer pour tous les gros carnassiers de pleine eau, notamment dans les mers tropicales.

CALER (se) : se dit d'un poisson qui rentre à trou.

CANARD : manœuvre permettant de s'immerger verticalement de plusieurs mètres en s'allongeant à plat sur l'eau, puis en cassant le corps au niveau des hanches, pour enfin lever les jambes à la verticale.

CARANGUE : poisson pélagique tropical. Il en existe plusieurs espèces, dont certaines dépassent 50 kg.

CASSETTE : pièce de plastique démontable sur de nombreuses arbalètes, intégrée dans la crosse et qui contient le mécanisme de la détente.

COMPENSER : rééquilibrer la différence de pression entre le milieu extérieur et l'oreille moyenne, en établissant une communication entre celle-ci et les voies aériennes supérieures, au niveau des trompes d'Eustache (synonyme : équilibrer).

CORALLIGÈNE : formation ayant pour origine des organismes vivants, et constituée d'éléments calcaires donnant naissance à de nombreux trous, tunnels et autres galeries appréciées par beaucoup de poissons (synonymes : madrépore, "gruyère").

COULÉE : technique de chasse consistant à tirer le poisson en pleine eau, après être descendu sur lui en silence, pratiquement sans mouvements.

CRIN : fil de pêche en monofilament utilisé, dans un diamètre suffisant (140 à 200/100e), pour relier la flèche à l'arbalète.

DAGUE : couteau effilé servant essentiellement à achever le poisson tiré.

DÉRAGUER : décoincer une flèche ou un poisson bloqué dans une rague.

DÉRAGUEUR : petite pièce métallique servant à retirer une flèche coincée dans un trou. Le dérageur vient s'adapter sur le talon de la flèche offrant ainsi une meilleure prise.

DÉTENTE : pièce de l'arbalète sur laquelle le chasseur presse avec l'index pour libérer la flèche.

DÉJAUGER : action visant à permettre à un bateau de sortir suffisamment de l'eau au démarrage pour glisser sur elle, gagnant ainsi en vitesse.

DOUBLER : tirer un poisson une seconde fois afin d'assurer sa prise en pleine eau ou de l'extraire du trou plus facilement.

EAUX BLANCHES : se dit d'une eau de mer chargée en particules provenant d'un cours d'eau venant se déverser non loin de là.

ENCAPER : terme typique signifiant "tomber sur", avoir (encaper le banc de sars, encaper l'eau claire ...).

ENLARGUER (s') : partir au large.

ENRAGUER : faire rentrer le poisson à trou, ou coincer malencontreusement sa flèche sous une pierre.

ERGOT : petite pièce articulée sous la crosse de l'arbalète libérant le fil au moment du tir.

ETALE : espace de temps où la marée n'est ni montante ni descendante.

FIELA : nom provençal parfois donné au congre.

FIXE-PALMES : élément de caoutchouc en forme d'étoile à trois branches, destiné à solidariser le chausson de la palme et la cheville du chasseur.

FÛT : tube constituant la partie centrale de l'arbalète.

GANCHOU : tige métallique dont une extrémité est travaillée pour former une poignée, et l'autre est affûtée et recourbée comme un hameçon. Le ganchou aide à extraire un gros poisson (notamment un mérou) de son trou une fois fléché.

GUEUSE : poids additionnel utilisé par certains chasseurs pour atteindre des profondeurs importantes. Une fois au fond, le chasseur la lâche et remonte ainsi aisément.

INDIENNE (chasse à) : technique consistant à se cacher au fond et à se faufiler pour surprendre le poisson.

LAMINAIRE : algue brune poussant en Atlantique, et formant de grandes forêts sous-marines en Bretagne. Elle est constituée d'un pied coriace et d'une extrémité en doigts de main.

LARGABLE : ceinture utilisée en chasse profonde, afin de descendre rapidement au fond et de remonter aisément après l'avoir détachée. Ensuite, depuis la surface, le chasseur la remonte en tirant sur la corde qui la relie à la bouée.

LASAGNE : nom donné au labre vert.

LOCO-PLONGEUR : sorte de scooter sous-marin à propulsion électrique utilisé par certains chasseurs pour prospecter des zones profondes.

LYCRA : tissu synthétique collé sur le néoprène des combinaisons, plus résistant que le revêtement classique en jersey.

MARSEILLAISE : ceinture possédant une boucle de ceinturon classique en laiton ou en inox.

MATTE : enchevêtrement de racines de posidonies formant de multiples abris pour les poissons.

MÉLETTE : petits poissons servant de nourriture aux prédateurs (liches, loups, etc.).

MOUFLE : gant à trois doigts utilisé en hiver pour ses qualités isothermiques.

NÉOPRÈNE : matière synthétique utilisée en plaques injectées de micro-bulles pour fabriquer les vêtements isothermiques. Terme également utilisé pour désigner la colle dont on se sert pour réparer les accrocs dans la combinaison.

OGIVES : pièces de plastique (parfois d'aluminium) reliées entre elles par une tige métallique, souvent articulée, et vissées à chacun des sandows. Ce système est destiné à enclencher les sandows sur l'encoche de la flèche.

PINCE-FIL : système permettant de tenir (sans le bloquer) le fil sous le tube de l'arbalète.

POSIDONIE : plante typique de la Méditerranée, de couleur vert sombre, formant de grandes prairies qui constituent un habitat et un "garde-manger" pour de nombreux poissons.

RAGUE : cavité étroite et profonde sous une pierre dans laquelle le poisson peut se réfugier.

RAGUEUR : nom donné aux petites arbalètes de 50 ou 60 cm de longueur et destinées à la chasse à trou.

SANDOW : tube de caoutchouc ou de latex, équipé d'une bague en plastique ou en métal à chaque extrémité, pour le fixer d'une part sur la tête de l'arbalète, et d'autre part aux ogives. Les sandows constituent l'élément propulseur de la flèche.

SEC : remontée rocheuse au large (synonyme de haut fond ou de basse en Bretagne).

SÉCURITÉ : système présent au niveau de la crosse de l'arbalète, permettant de bloquer la détente afin d'éviter que le coup ne parte tout seul.

SERPENT : terme qui regroupe indistinctement les congres et les murènes.

SYNCOPE : accident correspondant à une perte de connaissance due à un apport insuffisant en oxygène au cerveau.

SLEEVE : bague métallique utilisée pour sertir les boucles réalisées avec le fil de pêche au niveau de la tête de l'arbalète et du talon de la flèche.

TAHITIENNE : flèche en acier inoxydable, dont l'extrémité est affûtée en pointe, et est dotée d'un ardillon pivotant sur un axe.

TASSERGAL : poisson carnassier semi-pélagique ressemblant à la liche et rencontré dans de nombreuses mers.

TOMBANT : accident de terrain formant de petites falaises sous-marines, de hauteur variable.

TALON : extrémité de la flèche venant se loger dans la cassette de la crosse de l'arbalète, et accueillant le trou destiné au fil.

TROU (à) : technique de chasse consistant à rechercher le poisson sous les pierres où il a tendance à se réfugier.

VÉRADE OU VIDRIADE : sar à tête noire.

VOILURE : partie de la palme constituée par une lame de plastique ou de carbone, relativement allongée, maintenue au chausson par deux nervures latérales et une encoche centrale. La voilure est l'élément moteur de la palme.

BONNES ADRESSES & BONNES LECTURES

POUR SE RENSEIGNER

- **F.F.E.S.S.M.**, 24 quai de Rive-Neuve, 13007 Marseille, tél. 04.91.33.99.31., fax. 04.91.54.77.43.
- **Club Apnéa**, 12 Impasse Couzinet, Parc de la Plaine, 31500 Toulouse, tél. 05.62.47.41.00, fax. 05.47.41.14. Le **Club Apnéa à Toulouse** : 12 impasse Couzinet, Parc de la Plaine, B.P. 5043, 31033 Toulouse cedex 5, tél. 05.62.47.41.00. Le **Club Apnéa à La Seyne-sur-Mer** : Louis Delbuono, 920 Chemin de l'Evescat, 83500 La Seyne-sur-Mer, tél. 04.94.94.62.07. Le **Club Apnéa à Hyères** : Fabien Romano, tél. 04.94.35.67.70. Le **Club Apnéa à Montpellier** : Daniel Vitrolles, 2 rue de la Closeraie, 34430 Saint-Jean-de-Védas.
- **Tirs Lointains**, 43 rue Piat, 75020 Paris, tél. et fax 01.40.33.27.08.

POUR EN SAVOIR PLUS

LES HORS-SÉRIE APNÉA :

- **Chasse sous-marine N° 1**
- **Chasse sous-marine N° 2**
- **Poissons et crustacés.**
- **Votre guide sous-marin.**
- **La plongée en apnée.**

Commandes au : 05 62 47 41 00

LES CODES VAGNON, c'est aussi :

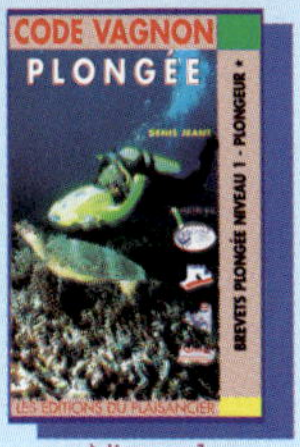

Niveau 1

Niveau 2

Tests Niveaux 1 et 2

Plongée et secourisme

Mémento premiers secours en plongée

Tests plongée secourisme

Plongée secourisme : guide du formateur

Mémento du moniteur de plongée

Carte mer

Permis côtier

Permis hauturier

Guide de la cuisine

Pêche en eaux douces

annexe 1

LES QUARTIERS DES AFFAIRES MARITIMES

Pour souscrire une autorisation de pêche sous-marine ou obtenir des renseignements sur les interdictions locales, les prises ou les périodes interdites, les tailles minimales de capture, n'hésitez pas à vous adresser au quartier des Affaires Maritimes le plus proche de votre zone de chasse. Voici la liste exhaustive des délégations régionales pour la Métropole et les DOM-TOM.

MANCHE

Dunkerque
22 rue des Fusiliers-marins, 59385 Dunkerque cedex 1, tél. 03.28.26.73.00.

Boulogne-sur-Mer
92 quai Gambetta, 62200 Boulogne-sur-Mer, tél. 03.21.30.53.23.

Le Havre
4 rue du Colonel Fabien, B.P. 34, Le Havre cedex, tél. 02.35.19.29.99.

Dieppe
24 quai du Carénage, 76376 Dieppe cedex, tél. 02.35.06.96.70.

Fécamp
15 rue Gustave Lambert, B.P. 125, 76404 Fécamp cedex, tél. 02.35.10.34.34.

Rouen
98 av. du Mont-Riboudet, B.P. 4184, 76723 Rouen cedex, tél. 02.32.10.20.31.

Caen
17 rue de la Miséricorde, B.P. 3044, 14017 Caen cedex, tél. 02.31.15.26.16.

Cherbourg
Quai du Général Lawton Collins, B.P. 721, 50107 Cherbourg cedex, tél. 02.33.23.36.13.

Saint-Malo
27 quai Duguay-Trouin, B.P. 70, 35406 Saint-Malo cedex, tél. 02.99.40.68.30.

Saint-Brieuc
19 rue Chateaubriand, B.P. 2239, 22022 Saint-Brieuc cedex 1, tél. 02.96.68.30.70.

Paimpol
Rue du Dr Montjarret, B.P. 94, 22502 Paimpol cedex, tél. 02.96.55.35.00.

Morlaix
11 rue de Tréguier, 29600 Morlaix, tél. 02.98.62.10.47.

ATLANTIQUE

Brest
6 rue Saint-Saëns, B.P. 869, 29279 Brest cedex, tél. 02.98.80.62.25.

Douarnenez
46 rue Henri Barbusse, 29177 Douarnenez cedex, tél. 02.98.75.31.30.

Audierne
1 rue Lamartine, B.P. 55, 29113 Audierne cedex, tél. 02.98.70.03.33.

Le Guilvinec
37 rue de la Marine, B.P. 19, 29730 Le Guilvinec, tél. 02.98.58.13.13.

Concarneau
4 rue Lucien Hascouet, B.P. 237, 29182 Concarneau cedex, tél. 02.98.60.51.42.

Lorient
88-90 avenue des Perrières, B.P. 2143, 56321 Lorient cedex, tél. 02.97.37.16.22.

Auray
18 rue Abbé Joseph-Martin, 56406 Auray cedex, tél. 02.97.24.01.43.

Vannes
15 rue de Kérozen, B.P. 519, 56019 Vannes cedex, tél. 02.97.63.40.95.
Nantes
22 bis boulevard de Launay, 44040 Nantes cedex 04, tél. 02.40.73.18.70.
Saint-Nazaire
9 boulevard de Verdun, B.P. 424, 44616 Saint-Nazaire cedex, tél. 02.40.22.46.32.
Les Sables-d'Olonne
2 rue Colbert, B.P. 371, 85119 Les Sables-d'Olonne cedex, tél. 02.51.21.81.81.
Noirmoutier
7 avenue de la Victoire, B.P. 715, 85330 Noirmoutier-en-l'île, tél. 02.51.39.94.03.
Ile d'Yeu
7 quai de la Mairie, 85350 Ile d'Yeu, tél. 02.51.59.42.60.
La Rochelle
Quai de Marans, 17021 La Rochelle cedex 1, tél. 05.46.28.07.21.
Marennes
3 rue du Maréchal-Foch, 17320 Marennes, tél. 05.46.85.14.33.
Bordeaux
1, rue Fondaudège, 33074 Bordeaux cedex, tél. 05.56.00.83.00.
Arcachon
194 bd de la Plage, 33311 Arcachon cedex, tél. 05.57.52.57.00.
Bayonne
Quai de Lesseps, B.P. 724, 64107 Bayonne cedex, tél. 05.59.50.31.51.

MÉDITERRANÉE

Port-Vendres
1 rue des Paquebots, 66660 Port-Vendres, tél. 04.68.98.34.82.
Sète
16 rue Hoche, B.P. 472, 34207 Sète, tél. 04.67.46.33.00.
Marseille
23 rue des Phocéens, 13236 Marseille cedex 02, tél. 04.91.39.69.00.
Martigues
18 quai Paul Doumer, B.P. 185, 13697 Martigues cedex, tél. 04.42.80.35.38.
Toulon
244 av. de l'Infanterie de Marine, B.P. 563, 83054 Toulon cedex, tél. 04.94.46.92.00.
Nice
22 quai de Lunel, B.P. 139, 06303 Nice cedex 4, tél. 04.92.00.41.50.
Ajaccio
4 bvd du Roi-Jérôme, B.P. 312, 20176 Ajaccio cedex, tél. 04.95.51.75.10.
Bastia
Quai Nord du Vieux Port, B.P. 50, 20289 Bastia cedex, tél. 04.95.32.84.60.

OUTRE-MER

Fort-de-France (Martinique)
Bvd Chevalier Sainte-Marthe, B.P. 620, 97261 Fort-de-France cedex, tél. 586.60.79.85.
Pointe-à-Pitre (Guadeloupe)
Quai Layrle, B.P. 473, 97164 Pointe-à-Pitre cedex, tél. 590.82.03.13.
Cayenne (Guyane)
2 bis rue Mentel, B.P. 6008, 97306 Cayenne cedex, tél. 594.31.00.08.
Saint-Denis (Réunion)
11 rue de la Compagnie des Indes, B.P. 313, 97487 Saint-Denis cedex, tél. 262.90.19.60.
Saint-Pierre-et-Miquelon
B.P. 1205, 97500 saint-Pierre-et-Miquelon, tél. 508.41.44.24.
Papeete (Polynésie française)
Motu-Huta, B.P. 495, Papeete, Tahiti, tél. 689.42.02.52.
Nouméa (Nouvelle-Calédonie)
B.P. 36, 98800 Nouméa, tél. 687.27.26.26.

annexe 2

TAILLES MINIMALES DE CAPTURE		
ESPÈCES	Au Nord du 48ème parallèle	(1) Au Sud du 48ème parallèle
Cabillaud	35 cm	35 cm
Merlu	30 cm	27 cm
Plie	25 cm	25 cm
Plie grise	28 cm	28 cm
Limande sole	25 cm	25 cm
Sole	24 cm	24 cm
Turbot	30 cm	30 cm
Barbue	30 cm	30 cm
Merlan	27 cm	27 cm
Limande	15 cm	23 cm
Rouget de roche	15 cm	15 cm
Bar commun	36 cm	36 cm
Congre	58 cm	58 cm
Lieu jaune	30 cm	30 cm
Mulet	20 cm	20 cm
Flet	25 cm	25 cm
Dorade royale	-	19 cm
Dorade grise	23 cm	23 cm
Maquereau	30 cm	-

a - largeur maximale de carapace / b - longueur de la carapace / c - longueur de la pince

ARAIGNÉE DE MER

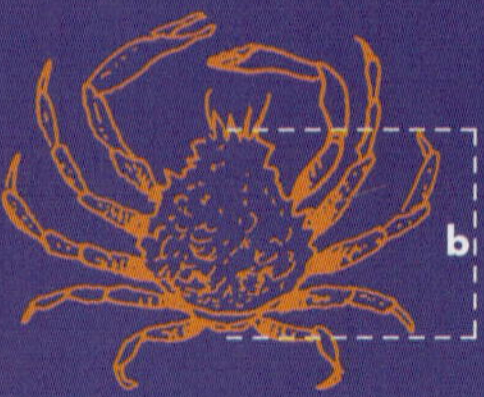

TOURTEAU

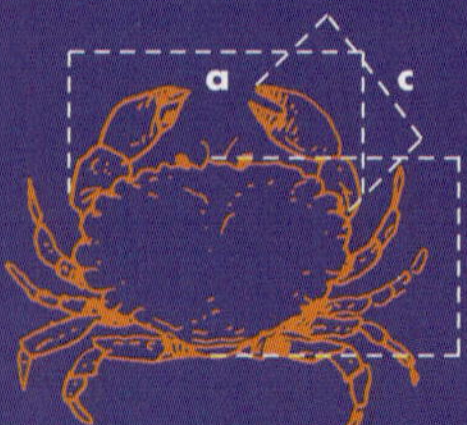

PRAIRE

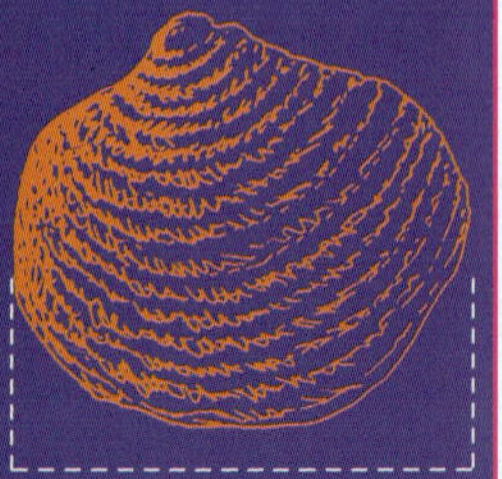

dimension maximale de la coquille

CRUSTACÉS		
ESPÈCES	Au Nord du 48ème parallèle	(1) Au Sud du 48ème parallèle
Langoustine	85 mm	85 mm
Homard	24 cm	23 cm
Langoustine	23 cm	23 cm
Tourteau	14 cm	13 cm
Étrille	5 cm	5 cm
Crevette grise ou rose	3 cm	3 cm
Araignée de mer (4)	12 cm	12 cm

COQUILLAGES		
ESPÈCES	Au Nord du 48ème parallèle	(1) Au Sud du 48ème parallèle
Bulot	4,5 cm	4,5 cm
Coquille St-Jacques (2)	10 cm	10 cm
Clam	4,5 cm	4,5 cm
Coque ou Hénon	3 cm	3 cm
Huitre plate	5 cm	5 cm
Ormeau (3)	8 cm	8 cm
Palourde	3,5 cm	3,5 cm
Pétoncle	3,5 cm	3,5 cm
Praire	4 cm	4 cm

(1) Le 48ème parallèle passe très légèrement au Sud de la pointe du Raz.

(2) Dans le département de la Manche : 10,2 cm au Sud du parallèle passant par le phare du cap de la Hague, 11 cm dans le Nord-Cotentin et en baie de Seine.

(3) Il existe des limitations dans le temps, voire des interdictions totales.

(4) Poids unitaire minimum fixé à 500 g.

En Méditerranée, la taille minimale est de 12 cm pour les poissons, sauf :
- le pagre (20 cm),
- la dorade (20 cm),
- les muges (20 cm),
- la pile (20 cm),
- le loup (25 cm),
- les sars (15 cm).

Autres espèces :
- langouste (21 cm),
- hormard (23 cm),
- oursins (3,5 cm piquants inclus).

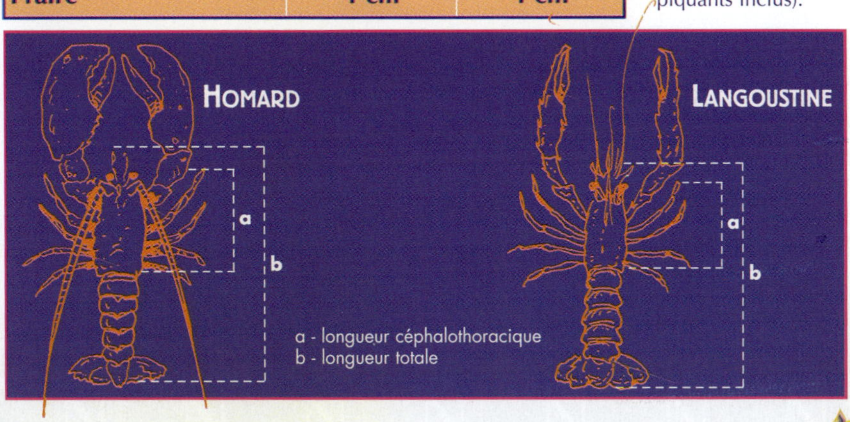

Notes

Notes Notes Notes Notes Notes Notes Notes

Notes Notes Notes Notes Notes Notes Notes

Code Vagnon CHASSE SOUS-MARINE
Imprimerie de Champagne - 52000 LANGRES
Dépôt légal : novembre 1997
ISBN 2-85725-182-3